LA NUIT DES ROIS

Jacques Trémolet de Villers
Zélie du Peyroux

LA NUIT DES ROIS

Colloque des morts

LES BELLES LETTRES
2024

Les médaillons qui ornent ce livre sont l'œuvre du graveur Nicolas de Larmessin (1632-1694). Ils sont tirés des planches de son ouvrage *Les augustes représentations de tous les rois de France, depuis Pharamond jusqu'à Louis XIV... avec un abrégé historique sous chacun, contenant leurs naissances, inclinations et actions plus remarquables pendant leurs règnes* (1690), à l'exception des médaillons de Louis XV, Louis XVI et Louis-Philippe qui sont respectivement l'œuvre d'Antoine Benoist (1721-1770), d'Antoine Louis Romanet (1742-1810) d'après Joseph Siffred Duplessis (1725-1802), et d'Étienne-Frédéric Lignon (1779-1833).

ISBN : 978-2-251-45549-5

À Son Altesse Royale le Prince Jean d'Orléans, comte de Paris
Héritiers des « quarante rois qui en mille ans firent la France »

Et à Colomba Jubert
Romancière et héritière de Malassy
Pour qui « Le soleil brillera bientôt »

Jacques Trémolet de Villers et Zélie du Peyroux

Nous étions le premier juillet, jour de l'anniversaire de la mort de Louis-Ferdinand Céline. J'étais allé me recueillir sur sa tombe au cimetière de Meudon puis j'avais rendu visite à Caroline Noirot, aux *Belles Lettres*, boulevard Raspail. Elle me dit : « Vous aimez le droit, l'histoire, les rois de France, pourquoi ne pas écrire un colloque des morts avec nos rois, selon la formule de votre *Cicéron en terrasse* ? Les rois invités par vous aujourd'hui pour parler du Royaume de France !... »

L'idée me parut belle et féconde et je décidai de la suivre. Mais nous ne sommes pas maîtres des événements et ce que les médecins ont appelé « une grave attaque cérébrale » a dérangé mon plan.

Un proverbe russe dit : « Si tu veux faire rire Dieu, parle-lui de tes plans. » Le proverbe a raison, il ne faut pas trop tirer de plans sur l'avenir car Il choisit autre chose. J'ai donc été contraint de revoir ma copie et j'ai demandé à ma petite-fille Zélie du Peyroux de m'accompagner sur "l'île fortunée" où les vivants se sont ri de la mort.

Et c'est ainsi qu'ensemble, dans la lumière qui ne finit pas, nous avons vu ces rois des temps passés. Ils banquetaient autour d'une table comme le faisaient les dieux de l'Olympe. Pourrions-nous aller de l'un à l'autre pour recueillir de leur conversation de quoi nourrir notre recherche et revenir ici-bas dans la caverne pour parler à ceux qui sont restés ? Tel était notre souhait le plus brûlant. Et par l'entremise de Cicéron, mon cher ami et celui de nos hôtes, nous eûmes le bonheur d'être introduits au festin de ces rois qui semblaient nous attendre.

Zélie a tout vu, tout entendu du miracle de cette nuit-là ! Jeune femme de son temps, elle n'a pas hésité à interroger nos rois sur les sujets qui lui tenaient à cœur. De ce merveilleux colloque, elle a tout retenu. C'est avec son aide que j'ai pu rapporter ce qui s'est murmuré dans les ténèbres de cette nuit lumineuse.

I

La nuit est noire, et froide et dure, qui pèse comme un manteau de pluie sur le Royaume de France. On n'y voit goutte, et les quelques veilleurs qui cherchent encore un chemin s'interpellent dans ces ténèbres. Les mains tendues en avant, comme font les aveugles qui ont perdu leur chien, ils essaient d'avancer, ils ne savent où. Ils cherchent, comme dit l'un d'eux, les murs porteurs, dans une veille qui ressemble à une prière.

La nuit, c'est la mort. Là sans doute est le secret. Car la mort est habitée de tous les vivants qui sont réunis à ceux qui les précèdent. Les veilleurs cherchent, comme Ulysse, à faire couler le sang des brebis noires pour aller les retrouver. Et cette nuit, les voici qui reviennent, non plus dans une compagnie des ombres, ni plus vrais ni plus beaux, mais les mêmes, lumineux de vie éternelle.

Comme ils ont souffert, ils sont compatissants. Glorieux, ils restent amicaux, proches encore, attirés seulement par le plus haut de leurs amours.

Dans cette nuit temporelle, je n'ai pas cherché d'abord les saints. Ils sont trop demandés, chargés encore de trop de sollicitude. Mais j'ai trouvé les rois, penchés sur leur royaume… « Les quarante rois qui, en mille ans, firent la

France », et qui, dans la nuit épaisse, ne l'abandonneront pas. Leur présence est belle comme celle des étoiles, au firmament de notre destinée. Il avait fallu cette nuit vraiment obscure pour que mes yeux fatigués apprennent à les distinguer. À présent, je n'avance plus les mains tendues en avant comme l'aveugle qui a perdu son guide. Je marche sur un sentier, qui, de là-haut, trouve son sens.

Voie lactée ô sœur lumineuse
Des blancs ruisseaux de Chanaan
Et des corps blancs des amoureuses…

Donner une présence à ces absents royaux

Vous revivez, tels que vous fûtes
À *la fleur de vos mouvements*
Dans le rayon de la minute
Où vous étiez parfaitement.

Dans cette contemplation peut-être me serait-il donné d'entrevoir le sens de cette histoire ?

Est-il un sens aux mots que je profère ?

Une lumière brille-t-elle au bout de ce voyage ?

Notre vie est un voyage
Dans l'hiver et dans la nuit
Nous cherchons notre passage
Dans le ciel où rien ne luit.

Mais je vous entends, voix des morts plus vivants que nous autres. Je comprends que si vous parlez, c'est parce que là où vous êtes, dans l'éternité, votre royaume du temps ne vous abandonne pas. La terre colle au ciel.

Les morts qu'on y a enfermés et dont l'âme est partie dans les hauteurs attendent impatiemment l'accomplissement de la bienheureuse espérance, la réunion promise des deux royaumes. « Sur la Terre comme au Ciel. »

Mais dans cette attente, que dit votre silence ?

A-t-il dicté un chant aux filles de mémoire ?

Nos actes, disent ces morts illustres, sont plus que nos paroles. En mille ans de travaux, nous avons plus bâti et moins parlé qu'en dix années de vos discours qui n'ont fait que détruire. Mais à ceux qui savent écouter, nous voulons bien redire les paroles de notre expérience. Car nous sommes liés aux drames que vit notre royaume. Rien de ce qui l'atteint ne nous est étranger. Entre vous et nous, la mort est jetée comme un pont.

Une sorte de procession sortait de l'obscurité et cheminait vers nous. Émouvant cortège d'hommes, où les pères précédaient les fils, et les fils les petits-fils et les arrière-petits-fils, jusqu'à la treizième génération. « L'Écriture sainte était dépassée ». Ils n'étaient pas quatre, ni cinq, ni six. Les treize, de fils en fils… ce miracle capétien. Hugues Capet et ses successeurs, les bâtisseurs de royaume. Pas toujours célèbres. Peut-être pas toujours très brillants… Parfois fondus dans l'ordre de la succession et ne tranchant guère par leurs exploits individuels… le contraire de l'aventurier romantique. Ceux que Jacques Bainville a appelés « l'honorable Maison capétienne ».

Ils étaient une maison.

Un royaume serait donc d'abord une maison. La Maison de France, comme il y a aussi la Maison d'Autriche… Et puis il n'y en a pas tant d'autres.

Ils se taisaient, comme les maisons sont silencieuses. Elles n'ont pas de discours à proférer, parce qu'elles sont. Ceux qui parlent trop épuisent leur être en paroles. Ils se dispersent. Ils se racontent. Ils montrent et démontrent. Ils se mettent en scène. Les héritiers naturels reçoivent l'héritage. Ils le maintiennent et le mettent en valeur. Ils l'accroissent. Les Capétiens n'ont pas été des gérants ou des conservateurs. Ils ont été des intendants fidèles. Ces talents qu'ils ont reçus, ils les ont fait fructifier. Aucun ne l'a enterré… par peur du maître. Chacun a fait de son mieux. Tous ont cru en leur destinée, qui était leur vocation propre.

Non pas la vocation surnaturelle d'Abraham : « Quitte ton pays, ta parenté et la maison de ton père et va dans la terre que je t'indiquerai… », ni celle du jeune homme riche : *« Va,* vends tous tes biens, puis suis-moi… » mais une vocation naturelle, temporelle, un devoir d'état, fixé par son état et dont l'accomplissement était la meilleure obéissance à la volonté du Créateur. Nous ne méditerons jamais assez cette beauté des commencements de notre histoire. Humble beauté, noble comme les travaux et les jours, simple comme la famille et la maison.

Une vocation surnaturelle a besoin d'un appel surnaturel, puis de secours surnaturels. Cela fait la vie des saints.

Un devoir d'état est dicté par l'état de chacun. Il suffit de le discerner et d'y répondre. C'est la maison et la famille qui font la loi. La maison appelle les soins, les travaux, l'agrandissement nécessaire, le renouvellement. La famille appelle de nouvelles maisons, de nouveaux travaux, de nouveaux agrandissements.

Ces labeurs, ces soins, ne se font pas des seules mains du maître de maison. Il appelle des ouvriers à ses travaux et à sa moisson. Il les appelle à la vigne et aux champs. Il les remercie et il se les attache. Ils vivent de la maison et de la famille.

Nous ne vivons pas dans le monde d'Alexandre le Grand, d'Attila, le fléau de Dieu, ou de Napoléon. Notre monde relève de la gestion du père de famille. Mais cette gestion doit également préserver la famille et les biens de famille des menaces, des pillards et des bandits, des voleurs et des détrousseurs, des assaillants et des traîtres. Alors le père se fait guerrier et l'intendant fidèle endosse l'armure du chevalier.

Les rois s'étaient assis, en rond, autour de la table, comme des chevaliers, et à ma grande surprise, alors que je ne demandais rien, eux, les taiseux de notre roman national, se sont mis à parler.

Ainsi, dans la nuit de juillet, ai-je vu dansant et riant, comme aux plus beaux jours de leur règne, ces rois dont nous avons un jour d'égarement jeté les corps dans la fosse publique.

Ce fut comme un éblouissement. D'un coup, la nuit s'était retirée. Il n'y avait plus que clarté et lumière, des centaines de torches, sans compter la lumière spirituelle. Le silence avait fait place à la musique. Le royaume était une fête qui ne s'arrêtait pas. Le colloque des morts était devenu la danse des vivants.

Cicéron, dans son village d'Arpinum, non loin de Rome, avait interrogé dans la nuit, ses grands anciens. Scipion lui avait dit l'austère devoir de la République. Les vérités augustes, inscrites dans le marbre, descendaient à nouveau de la bouche des aïeux. Il y avait du tragique et du grandiose dans ces sentences venues de la nuit des temps. Les vivants les recevaient dans un grand respect. On n'aurait pas vu un pli sur leur toge. L'air, comme les paroles, était majestueux.

Je vivais une tout autre aventure.

Le chemin des siècles se déroulait comme le chant continu d'une famille qui va de naissance en mariage et de mariage en naissance. Les obsèques étaient en blanc et la foule criait : « Le Roi est mort. Vive le Roi ! », dans l'attente joyeuse de ce qu'allait être le nouveau règne. On voyait dans l'avenir les reflets d'un bonheur qui commençait à reluire. La mort elle-même était lumière.

J'hésitais et restais immobile, paralysé par la timidité. Pouvais-je, moi, entrer dans cette danse ? De belles dames, gracieuses et souriantes, m'y invitaient aimablement. Mais leurs grâces elles-mêmes semblaient me rendre plus indigne encore.

Il fallut que le premier d'entre eux, le plus ancien, qui avait l'air d'un jeune homme, me fît signe d'approcher. À son geste, la danse s'arrêta, un grand repos s'étendit au-dessus de cet immense jardin. Il me fit signe de m'asseoir près de lui. L'autorité de sa voix me libéra de toute timidité.

Nous étions au centre du jardin, ou de la forêt devenue jardin, et son siège était le tronc d'un arbre majestueux. Le mien était un peu en dessous, mais pas trop. Heureusement, d'ailleurs, car l'homme était de haute taille. Ses cheveux étaient longs et blonds, comme les portaient les Francs de cette époque. Ses épaules étaient chargées du pallium des Romains. Ses mains étaient nues. Il n'avait ni épée, ni lance, ni bouclier. J'imaginai qu'on devait déposer au vestiaire cet armement avant d'entrer au Paradis. Car, à la joie lumineuse de son visage, il était évident qu'il était au

Paradis. Tel m'apparut Clovis, ce roi qui le premier avait unifié les tribus franques et jeté les fondements d'un royaume.

— Que voulez-vous savoir, Français du XXIe siècle ?

Je ne savais plus du tout ce que je voulais savoir. Tous les discours que j'avais hâtivement préparés, toutes les angoisses qui m'habitaient s'étaient évanouis. J'avais envie de sourire, et bien plus, de rire comme on rit de joie quand a disparu le malheur qui vous accablait, comme on rit de l'adversité vaincue et de la mort qui s'éloigne, comme sur l'Olympe riaient les bienheureux immortels.

Clovis souriait, avec l'immense bonté d'un aïeul qui avait l'esprit d'un « jeune homme ».

Enchanté par ce sourire, je tentais d'ouvrir la bouche pour dire l'angoisse – *angor patriae* – qui nous étreignait devant l'état de notre pays aujourd'hui… Les divisions, la tristesse, le pressentiment du proche écroulement de toutes choses, les bruits de guerre extérieure et les grondements de guerre civile. Mais je ne parvins pas à articuler un mot, tant dans cette douce lumière ces propos m'eussent semblé déplacés.

— Ce qui vous manque, me dit le roi, c'est la gaieté et l'espérance. Vous n'êtes plus joyeux. Je vous vois comme un grand troupeau docile, craintif et mécontent. Je ne vous souhaite pas la guerre, mais si elle venait, sachez vous servir des prières. Vous le savez, c'est dans la guerre que j'ai trouvé le vrai Dieu. C'est dans la guerre que j'ai décidé d'être baptisé Chrétien, ce qui a changé ma vie et le cours de l'Histoire. Vous avez célébré, avec le Pape de Rome, le quinzième centenaire de mon baptême, le 22 septembre 1996, à Reims. C'est en pleine bataille que j'ai fait le vœu qui me conduisit au baptistère. À Tolbiac, j'ai vu d'un seul coup d'œil, avec une effroyable certitude, que j'étais vaincu. Vaincu ! Cela voulait dire ma femme et mon fils emmenés en esclavage, mon royaume dépecé. J'ai imploré tous mes dieux. J'ai senti que c'était en vain. Alors, j'ai dit : « Dieu de Clotilde… » Vous voyez, j'ai ouvert une voie dans les noms de Dieu. Vos prêtres disaient : « Dieu d'Abraham, d'Isaac et de Jacob… le Dieu des patriarches, le Dieu des hommes… » J'ai dit : « Dieu de Clotilde… », faisant entrer ici, pour la première fois, une femme dans les noms de Dieu. Je pense que, vous, les Français des derniers temps, vous n'avez pas fait assez attention à cet événement. La France a été appelée « La Nation-*Femme* », c'est un très beau compliment et c'est une réalité historique. Sans la victoire de Tolbiac et le baptême qui suivit, à Reims, à Noël 496, la France n'aurait pas existé… Et sans le « Dieu de Clotilde », ce baptême n'aurait jamais eu lieu.

Clotilde était reine et belle, épouse et mère. Elle était tout ce qui vous manque aujourd'hui… une reine, qui soit belle, épouse et mère… donnant envie à toutes les femmes du royaume d'être comme elle. Vos modèles féminins sont tristes et vous en mourez. Mais ne vous laissez pas arrêter par cela. Je suis certain que les *Clotilde* sont nombreuses en France, aujourd'hui. Clotilde était, pour moi, le chemin vers Dieu.

Je pensais à Louis Aragon : « La femme est l'avenir de l'homme »… Chemin vers Dieu, c'était encore une autre dimension.

J'aurais voulu qu'il parlât encore, mais je le sentais peu enclin au discours. Sa présence suffisait.

CLOVIS I ROY CHRESTIEN DE FRANCE
De L'Armessin sculp.
A Paris, Chez Bertrand Rue S.t Iacques, a la Pomme d'Or, pres S.t Seuerin,
Avec Privil. du Roy,

CLOVIS Ier ROI CHRÉTIEN DE FRANCE. Fils de Childéric, auquel il succéda, âgé de 15 ans, en 481. Il commença son règne par la victoire qu'il remporta, en 486, sur Siagre, fils de Gillon, qui avait été mis sur le trône du temps de Childéric. Après l'avoir fait mourir, il s'empara de toutes ses places. Il vainquit, en 491, les Thuringiens, et se les rendit tributaires. Il épousa en 492, Clotilde, très pieuse Princesse, fille de Chilpéric, et nièce de Gondebaud, roi de Bourgogne. Comme il avait l'humeur guerrière, il déclara la guerre, aux Alamans, en 496. Andochus, leur chef, osa bien lui présenter bataille, vers Tolbiac, en laquelle, les François, ayant du pire, Clovis se ressouvint du Dieu de sa femme Clotilde, protestant de se faire chrétien s'il gagnait la victoire. Aussitôt s'élançant comme un foudre aux travers des ennemis, il leur passa sur le ventre, tua leur roi de sa main, et demeura victorieux. La reine Clotilde lui envoya saint Vaast, disciple de saint Remi, pour l'instruire et lui faire accomplir son vœu, qu'il exécuta. Il fut baptisé, et sacré avec une onction céleste qu'un ange sous la figure d'une colombe apporta à saint Remi, archevêque de Reims, pour ce sujet, et qui a servi au sacre des rois de France depuis ce temps-là jusqu'à aujourd'hui. Il apparut aussi un étendard blanc, chargé de fleurs de lys. Alors Clovis, pour faire connaître que la France changeait de face, que sortant du bourbier de l'idolâtrie, elle se purifiait dans l'Eau sacrée du baptême, voulut en changer les armes, qui étaient trois crapaud de sinople, en champ d'argent, et prit le champ d'azur, semé de fleurs de lys d'or, sans nombre. En l'an 500, il conquit la Bourgogne sur Gondebaud, qui fut trahi par son frère Gondregisile, mais en 502, ledit Gondebaud, ayant surpris en trahison la ville de Vienne, en Dauphiné, rencontra son dit frère Gondregisile dans une église et le tua au pied de l'autel. Depuis, Alaric, roi des Wisigoth, déclara la guerre à Clovis, et fut par lui tué en la bataille près Poitiers, en 507. Il purgea de l'hérésie des Ariens le pays des Albigeois, Rouergue, Quercy, Auvergne, Poitou, Saintonge, et le Bordelais. Mais, après tant de bon heur, en 509, Théodoric, roi des Ostrogoth, envoya à Amalaric, fils d'Alaric, un secours sous la conduite du comte Ibba : les François et Bourguignons furent défaits en bataille rangée, et la perte fut grande. Clovis, en étant fâché, voulut se ragrandir, à quelque prix que se fut : il fit tuer Sigebert par Clodéric, son fils, pour s'approprier la ville de Metz, et fit ensuite tuer le fils ; il fit de même à Cararic, pour avoir Amiens, et autant à Ragnacaire, pour Cambrai ; Rignomer fut aussi tué en la ville du Mans. Après toutes ces choses, il mourut, en 511, âgé de 45 ans, en ayant régné trente, et fut enterré, en l'église de Sainte Geneviève, à Paris, qu'il avait fait bâtir.

Pourtant, avant que j'aie repris la parole, c'est lui qui ajouta :

— Quand Remi m'instruisait en vue du baptême et qu'il me contait l'histoire de Notre Seigneur Jésus-Christ, l'épisode de la Passion où les disciples s'enfuient tous, pris de panique, le laissant seul avec les serviteurs et les soldats du Grand-prêtre, provoqua en moi un sursaut d'indignation. Ce qui devint plus tard le « collège épiscopal » était ainsi réuni, comme il ne l'a jamais été depuis, dans une trahison commune du Seigneur. Je m'écriais : « Ah, si j'avais été là avec mes Francs ! »

Cette réaction a suscité beaucoup de commentaires amusés de la part des successeurs des apôtres en fuite. « S'il avait été là, disaient-ils, il aurait fait manquer la Rédemption », suggérant ainsi que leur lâcheté collective était plus conforme au plan de Dieu que mon sursaut guerrier. La vérité est que je n'étais pas là, avec mes Francs... puisque, dans Son Dessein, Dieu ne l'avait pas voulu. Je suis arrivé après, mais ma vocation était bien de proclamer la gloire temporelle du Seigneur.

Je me rappelai à haute voix :

— « Mettre fin aux invasions, continuer les Romains et commencer la gloire temporelle du christianisme », disait de vous et de vos Francs Frédéric Ozanam, à la Sorbonne, au milieu du XIXe siècle.

Clovis se taisait. Il n'allait pas commenter le commentaire de ses exploits. Son silence était un acquiescement. Je lui demandais s'il accepterait de revenir avec ses successeurs, nous éclairer. Il fit signe qu'il était tout à nous, rien ne lui étant plus agréable, là où il était, que d'être le médiateur de grâces politiques et temporelles pour le royaume né de son baptême.

— Cessez d'avoir peur, me dit-il, en guide d'adieu. La peur est mauvaise conseillère. Elle vous rend tristes parce qu'elle fait de vous des vaincus. La peur est faite pour être dominée. C'est la marque même des Francs, qui auraient libéré Jésus au Jardin des Oliviers… C'est pourquoi les Francs sont rieurs et vainqueurs. Et il ne se peut pas que les Français soient lâches, mais ils ont oublié qu'ils étaient courageux.

Tandis qu'il s'éloignait, je pensais en souriant à ce collège épiscopal, unanime dans sa frousse pour abandonner Jésus aux mains des Juifs, et à la réaction du Franc. Nous ne sommes pas faits pour la défaite, avec le trouillomètre à zéro. Il ne faut pas nous y contraindre à force d'arguments ecclésiastiques. Nous sommes nés pour le courage et pour la victoire. C'est notre nature. Ainsi Dieu nous a-t-il fait. Rendons-lui grâce et soyons ce que nous sommes.

Il m'avait ranimé, notre si ancien et premier de nos rois. Ma descente aux enfers dans cette nuit sombre prenait l'allure d'un chemin de paradis. J'étais bien décidé à poursuivre ma route dans la lumière.

J'aurais bien voulu voir Clotilde, la sainte, avec son auréole et aussi Geneviève qui était proche des deux époux. C'est autrement, maintenant, que j'allais fouler de mes pieds la rue Clovis, sur la montagne Sainte-Geneviève, et que je regarderais la statue de Clotilde au Luxembourg. Ce vieux quartier reprenait vie, malgré les morts glacés du Panthéon où nos élus processionnent en cercle. J'avais l'impression de revivre ces premiers moments pleins d'enthousiasme et de courage que n'avaient ébranlé ni les menaces d'Attila ni les lâchetés des soi-disant sages.

La rue Clovis conduit au Lycée Henri-IV. Allais-je voir surgir le bon roi Henri ? Mon pèlerinage s'effectuant dans l'éternité, « mille ans sont comme un jour » dans le temps de Dieu. Mais je n'étais pas maître de la cérémonie. Le Ciel m'envoyait qui Il voulait, non selon mon désir ou mon caprice, mais selon Son Dessein.

Ses desseins, nous le savons, sont impénétrables. Ce qui ne nous empêche pas, depuis que nous sommes sur cette terre, de chercher à les pénétrer et de prétendre parfois y parvenir. Qu'ils fussent prêtres, devins de l'Antiquité, sorciers des tribus animistes, oracles divers, tous se sont dit la voix de ceux qui savent ce que nous ignorons. Il n'est pas jusqu'aux théologiens, aux philosophes et aux mystiques, qui ne nous disent en silence, le doigt sur la bouche, ce que Dieu veut de nous et pour nous.

Résolument agnostique sur ce point, je m'abandonnai à l'inconnu, dans la plus grande confiance en ce qui allait advenir.

Ce fut Charles le Grand, Le Magne, l'inventeur de l'école, le sacré Charlemagne de nos rengaines et de nos fêtes scolaires qui m'apparut… et, naturellement, ce fut en majesté.

Qu'allais-je demander à l'Empereur à la barbe fleurie ? Mon panier de questions débordait. Il y avait l'école, bien sûr, qu'il avait fondée. Il y avait l'administration, la haute administration, il y avait l'Europe dont il fut le fondateur, et l'Islam dont il fut, à la fois, l'ennemi et l'allié, selon les circonstances, les nécessités et les tendances.

Il y avait l'Église et le pape, dont il fut le protecteur. Il y avait Roland et Roncevaux. Il y avait…

Quand on se trouve en présence d'un si haut personnage, il est convenable de n'ouvrir la bouche que lorsque cette permission vous est donnée. Je n'imaginais pas prendre l'initiative d'un entretien, comme nos écrans et nos radios nous en ont donné l'habitude. « Charles le Grand, bonjour, nous sommes heureux de vous accueillir sur ce plateau... »

J'attendais donc, admiratif, contemplatif et silencieux.

Il me dit :

— Ce sont les poètes qui ont le mieux parlé de moi. Bien sûr, il y a les historiens qui ont bien cherché à disséquer ma vie, mes actes, à savoir combien j'avais pu avoir de maîtresses, et même, si je n'avais pas eu, d'aventure, des tendances homosexuelles... Comme ces enquêtes sont vaines ! Comme elles pâlissent devant la *Chanson de Roland*...

« Ah ! que peineuse est ma vie ! » Il m'avait compris ce poète ! Combien j'ai peiné, devant sans cesse repartir et recommencer. Aux rois plus qu'aux sujets la destinée est lourde. Il faut sans cesse y travailler. Mais, comme l'a encore dit le poète, j'étais guidé par ce que je disais à mes preux fidèles, à mes « leudes » : « Nous avons avec nous le bon droit ! »

En tout, partout, toujours, même s'il m'est arrivé de me tromper, c'est lui qui m'a guidé, le « bon droit ». Où est ce droit ? Où est la justice ? À qui cherche véritablement, dans la lumière de la raison, sera donnée la lumière. Dès lors, la voie est tracée... il n'y a plus qu'à agir... Mais il faut agir.

Le Ciel, alors, vient à votre secours. Il fait pleuvoir les grâces. J'en ai reçu beaucoup. Les grâces, pour un roi, ce sont les bons conseillers... les hommes sur lesquels on peut s'appuyer, à qui on peut faire confiance... qui

HARLEMAGNE ROY DE FRANCE
r Ier Empereur— Fils de Pepin le
Bref, auql il à Suc— cede à l'Age de 30
ns, il Auoit Espousé la Soeur de Didier,
Roy des Lombards, ql repudia por Espouser
ildegarde, Carloman So frere mourut en 770,
ans la mesme Annee il Estei gnit le tiltre des Ducs d'Aqui
aine, Apres Auoir Obligé le duc de Gascogne a luy Enuoyer
hunaud fils de Eudes, et frere de Goyfre qui auoit Esmeu la 2eme
uerre d'Aquitaine, mais hunauld, faisant Accroire a Charlemagne
quil s'estoit Engagé a Vn Voeu, et por l'accomplir il Obtint Sur sa parole
a liberté d'aller à Rome, Mais il se mit— du party de Didier, leql Estant Ennemy,
u Pape Adrian, Vint Vers Rome, Auec Vne forte Armée, mais Charlemagne luy Coupa Chemin
Effit les lombards, et hunaud fut tué par les— femmes de Ceux qui Auoient Esté tuez dans
a bataille, Charlemagne laisst Bernard Son Oncle au Siege de pauie, Vint a Veronne ou il Se
aisit de la Veufue et des Enfans de Carloman So frere, a qui Didier donnoit protection a Son preju=
ice, puis passant l'Apenin Vint a Rome, Ou il fut tres bien receu, Pauie, estant prise Didier, Auec
a femme, et Ses Enfans furent aussy pris, en 774 Ainsy il perdit la liberté, et Son Royaume, Charle-
magne renouuella la guerre aux Saxons, leur duc Vindocink fut Vaincu, ils furent Obligez
e se faire Chrestiens, il Crea les 12 Pairs de france Chassa les Sarazins, d'Espagne, prit pampelune, et
lusieurs Autres Places, mais à Sõ retour, par la perfi— die d'Abnabale Roy de Saragosse ql Auoit retably, tou
bagage des francois fut pillé dans les monts pirenées, ou Son Neueu Roland fut tué il Vainquit les hongrois, et y
aillit ay perdre la Vie, par la Cõspiraõn de quelqs Seigrs Austrasiens, il Establit l'Vniuersité de Paris, en 790, et en 800, il
t Couronné Empereur, par le pape Leon 3e Auql il auoit fait de grands biens, il traitta de Paix, et des limites, des deux
mpres d'Orient, et d'Occident, Auec Nicephore, Empr d'Orient, Ensuitte il partagea Ses Estats, Entre ses 3 fils, ql le pape, et
lusrs prince Signert en 808, et en 809 il remporta la Victoire Sur les Danois, en 810, et 811 Pepin, et Charles, Ses Enfans
mourut en 813 il Associa Sõ fils Louis, a l'Empre Enfin ce grand Monarql ayt Vescu 72 Ans, regné 47 Ans, et possedé 14 Ans,
Empire Il mourut a Aix la Chapelle, en 814 Regretté Comme le bienfaicteur de l'Vniuers, et la gloire des Armes, et des Siences,

A Paris, Chez Bertrand Rüe St Iacques, a la põme d'Or proche St Seuerin, Auec Priuil. du Roy,

CHARLEMAGNE, ROI DE FRANCE et Ier Empereur. Fils de Pépin le Bref, auquel il a succédé à l'âge de 30 ans, il avait épousé la sœur de Didier, roi des Lombards, qu'il répudia pour épouser Hildegarde. Carloman, son frère, mourut en 770. Dans la même année, il éteignit le titre des ducs d'Aquitaine, après avoir obligé le duc de Gascogne à lui envoyer Hunaud, fils de Eudes, et frère de Gayfre, qui avait initié la 2e guerre d'Aquitaine. Mais Hunaud, faisant croire à Charlemagne qu'il s'était engagé à un vœu, il obtint sur sa parole la liberté d'aller à Rome pour l'accomplir. Mais il se mit du parti de Didier, lequel, étant ennemi du pape Adrien, vint vers Rome avec une forte armée. Mais Charlemagne lui coupa le chemin, défit les Lombards, et Hunaud fut tué par les femmes de ceux qui avaient été tués dans la bataille. Charlemagne, laissant Bernard son oncle au siège de Pavie, vint à Vérone où il se saisit de la veuve et des enfants de Carloman son frère, à qui Didier donnait protection à son préjudice ; puis passant l'Apennin, il vint à Rome, où il fut très bien reçu. Pavie étant prise, Didier avec sa femme et ses enfants furent aussi pris, en 774. Ainsi, il perdit la liberté, et son royaume. Charlemagne renouvela la guerre aux Saxons, leur duc Vindukind fut vaincu, ils furent obligés de se faire Chrétiens. Il créa les douze pairs de France, chassa les Sarrazins d'Espagne, prit Pampelune et plusieurs autres places ; mais à son retour, par la perfidie d'Abnabale, roi de Saragosse qu'il avait rétabli, tout le bagage des Français fut pillé dans les monts Pyrénées, où son neveu Roland fut tué. Il vainquit les Hongrois, et faillit y perdre la vie, par la conspiration de quelques seigneurs austrasiens. Il établit l'Université de Paris en 790, et en 800, il fut couronné Empereur par le pape Léon IIIe auquel il avait fait de grands biens. Il traita de paix et des limites des deux Empires d'Orient et d'Occident avec Nicéphore, Empereur d'Orient. Ensuite, il partagea ses États entre ses trois fils, [ce] que le pape et plusieurs princes signèrent en 808. En 809, il remporta la victoire sur les Danois ; en 810 et 811, Pépin et Charles, ses enfants, moururent ; en 813, il associa son fils Louis à l'Empire. Enfin, ce grand monarque, ayant vécu 72 ans, régné 47 ans et possédé 14 ans l'Empire, mourut à Aix-la-Chapelle en 814, regretté comme le bienfaiteur de l'Univers, et la gloire des armes et des sciences.

vous soutiennent dans l'effort parce qu'ils ont compris et qu'ils ont à cœur de servir la même œuvre. J'ai eu Alcuin, insurpassable philosophe en son temps mais aussi homme de réalisation. Il ne se contentait pas de penser juste. Il enseignait. Il apprenait à penser juste. Il m'a donné une élite d'administrateurs.

L'administration, dans un empire, c'est la première nécessité. Il ne faut pas la créer de toutes pièces. La nature en fournit les bases. Les familles, les villages, les provinces, les bourgs ont en eux-mêmes de quoi s'administrer… Mais il faut ordonner tout cela, le fédérer, le rendre commun au plus grand nombre… parfois le corriger, car il y a des abus. J'envoyais ainsi mes *missi dominici*, envoyés du Maître, deux par deux, un évêque et un comte, un clerc et un laïc, un homme de prières et un homme d'armes, pour voir, s'enquérir, corriger les erreurs, rendre justice, si nécessaire… Le Roi ne doit pas tout porter ni prétendre à tout faire… Presque tout, du reste, s'accomplit loin de ses regards, heureusement ! Mais il doit continuellement veiller à tout, car il répond devant Dieu.

— Le pape vous a fait empereur, dis-je, rempli d'admiration…

— Oui, à Rome, dans la nuit de Noël. Nous ne pouvions pas, clercs et laïcs, évêques ou hommes d'armes, lettrés ou simples enfants du peuple, nous défaire du souvenir de Rome. Cela faisait presque quatre siècles que « l'auguste Empire romain », comme disait saint Augustin, s'était effondré, ruiné par la lâcheté et la corruption de ses politiques, livré aux rapaces par l'abandon du sens de l'État chez les meilleurs. Les grands propriétaires, les patriarches, les grandes familles qui avaient donné tant de saints, de philosophes et de lettrés n'administraient plus que leurs terres et se détournaient de la chose publique – ce que Cicéron appelait la *res publica* –, l'abandonnant aux voyous. Et plus les voyous s'en emparaient, plus ils s'éloignaient.

Mais le souvenir de cet ordre mondial si clair et si simple, « le Pape et l'Empereur », un pouvoir spirituel Un et un pouvoir temporel Un lui aussi, distincts mais non séparés, encore moins confondus : c'était l'ordre parfait. J'y ai cru… comme le Pape… Mais on ne relève pas ce qui n'est plus… L'Empire n'a pas survécu à son empereur. Oh ! le rêve a duré… et je pense qu'il dure encore, sous d'autres formes. Mais d'autres formes d'ordres se dessinaient qui allaient nous succéder… et dont nous ne pouvions entièrement discerner la nature. L'homme ne dispose pas de l'avenir. Il ne peut que servir au mieux, dans son temps, en cherchant à distinguer à la lumière de son intelligence où est la sagesse… où se trouve le bon droit… pour les servir. Et ce n'est pas l'empereur qui fait l'histoire. Dieu seul est Maître de l'histoire. Dieu seul dispose des Empires, des Royaumes et des Républiques… J'ai eu beaucoup de joies dans ma vie peineuse, et beaucoup de peines dans une vie glorieuse.

J'essayais de l'interrompre… ce qui ne se fait pas avec un roi, et moins encore avec un empereur de la dimension de Charles le Grand, mais, puisqu'il était là, je brûlais qu'il me parlât de cette France sortie de lui, « la douce France », « France la douce » comme on disait alors, et de cette Europe qui était sa fille.

Comme il était dans l'éternité, les petits mouvements, secrets ou honteux, de mon cœur, lui étaient aisément perceptibles. Avec bonté, il me sourit :

— Ne me demandez pas ce que seul le Seigneur peut vous donner. Je ne suis pas une ombre errant aux champs Élysées, comme les âmes qu'Ulysse était venu consulter. Je n'ai pas les clefs de l'avenir, elles ne sont qu'à Dieu. Ne me priez pas de livrer des secrets dont, tout empereur que je fus, je ne suis pas dépositaire. Mais cherchez, de toute votre âme et de toute votre intelligence – de tout votre cœur ! – dans l'histoire de votre royaume. « Cherchez et vous trouverez... » Tout est contenu dans ce grand livre que nous avons contribué à écrire. C'est un beau livre, dont nous, les rois, malgré nos imperfections et notre indignité, nous sommes fiers... car nous n'avons pas été infidèles à ce qui nous était demandé... nous n'avons pas renié le service de la justice et du bon droit... Vous n'êtes pas au bout de vos peines... la vie d'un royaume est peineuse... Mais vous n'êtes pas, non plus, sans espérance de la gloire... Regardez votre histoire. Regardez-la bien.

« L'Empereur à la barbe fleurie » avait disparu, me laissant dans le cœur cette espérance plus forte que les prédictions de toutes les voyantes, ou des soi-disant prophètes, des âmes qu'on dit privilégiées... Je songeai à une formule favorite de mon maître et ami Jean Ousset : « Faites des méditations historiques ! Vous verrez combien cela est surnaturel ! »

J'aurais bien voulu, cependant parler de l'Islam à celui qui avait reconquis la Vallée des Cévennes, celle qu'on appelle aujourd'hui « Vallée Française », « Vallée franque aux combats », et qu'occupaient alors les Sarrasins. Lui, l'Empereur qui les avait poursuivis et vaincus jusqu'en Espagne, lui qui avait conclu une alliance avec le sultan du Bagdad contre les ennemis d'Andalousie et de Catalogne ! Mais il avait parlé et ses mots étaient justes. Pourquoi demander aux morts ce que leurs actes disent mieux que des mots ?

Pourquoi ? Parce que leurs paroles et leur présence parlent plus que tous les livres d'histoire. Brève est la vie, vacillante notre mémoire : de ce que nous lisions, que nous restera-t-il ? Quelques formules moins assurées dans le souvenir que les paroles entendues dans l'enfance. La réflexion d'un grand-oncle, la parole d'une grand-mère ont plus souvent décidé de notre sort que tous les prêches, les sermons et les discours de nos maîtres et de nos curés. C'est aussi ce que je me prenais à espérer tandis que s'ouvrait cette nuit de nos rois.

Nos rois n'étaient pas de grands discoureurs. Ils n'avaient pas besoin de se mettre en scène aux yeux du peuple, et moins encore à leurs propres yeux. Nos étalages de vanité leur eussent semblé indécents. Bien sûr, ils ont parlé, aux États généraux, aux Parlements… généralement pour y mettre de l'ordre. Mais le discours n'était pas, chez eux, moyen de gouvernement.

Ils décidaient.

« Le Roi règne, mais ne gouverne pas ! » disent de nombreux théoriciens de la monarchie. Mais les rois de France régnaient et gouvernaient. C'est la spécificité française. Le roi gouverne par lui-même ou par ministres interposés. Selon la nature des êtres, des choses, et des circonstances de l'époque.

Hugues, le père, le Capet, prit la parole :

— Moi, me dit-il, j'ai été élu, vous m'entendez ? Non pas investi par désignation divine, ni fils de Roi… mais élu par mes pairs.

HVGVES CAPET,

oy de France Chef de la 3.me Race des
oys de france, Fils de hugues le Grand,
e Prince Ayant porte tout le faix des Aff.res
u Royaume pendant le Regne des derniers
oys Louys V.e estant mort en 987, hugues fut Cré Roy
l'exclusion de Charles de Loraine, Oncle de Louys, frere
e Lotaire et fils de Louys d'Outre- mer, a Cause q.t S'estoit rendu Vassa
e l'Emp.r Othon, plus.rs Autres Raisons Obli- gerent les Seig.rs francois, a ce digne Choix
nt Charles Indigné de Cette Vsurpation, Se Saisit des Villes de Laon, et de Reyms, mai
ugues, a qui il ne se falloit pas Ioüer le fut Assiegé dans Laon, les bourgeois Espouuentez de Ses
enaces luy liurerent Charles, et Sa femme, q.t fit Conduire a Orleans, prisonniers, hugues,
t la Guerre a Arnout Comte de Flandre, pour n'auoir pas Assisté a Son Sacre, il luy prit
uelques Villes, Mais il ne poursuiuit pas, en Estant diuerty, et prié par Richard, Duc
e Normandie, en qui il auoit toutte créance, ce quy fut Vn Signalé Seruice au Comte de
landre, a qui hugues donna la Paix, et rendit toutes Ses Villes, Apres q.t se fut Obligé par
rment de fidelité a Son fils Robert qui luy Auoit Esté Associé a la Couronne du Consentement des S.rs
e france, en 988, et qui luy a Succedé apres Sa mort, l'Emp.r henry Suscita des troubles en flandre, assiegé
alentiennes, fit des Esforts Sur Gand, mais il retira a larriuee des francois, ils firent le Accords Sur le differents
r le Comte de flandre, Ce Prince fit de tres belles loix, et Establit en france l'ordre que l'on y Suit maintenant po.r
s Appanages, et Gouuernemens, Enfin Ayant mis l'Estat en bon Ordre et en Paix, il mourut en 997, ayant regné
x Ans, On remarque q.t donna Sa maison de Paris po.r Edifier l'Eglise de S.t Barthelemy, pres le Palais, en recon=
noissance de ce que Dieu Auoit transferé la Couronne de France dans Sa Famille,

Paris Chez Bertrand, Rue S.t Iacques a la Pomme d'Or, proche S.t Seuerin, Auec Priuil. du Roy,

HUGUES CAPET, Roi de France, chef de la 3e race des Rois de France. Fils de Hugues le Grand, ce prince ayant porté tout le faix des affaires du royaume pendant le règne des derniers Rois, Louis Ve étant mort en 987, Hugues fut créé Roi à l'exclusion de Charles de Lorraine, oncle de Louis, frère de Lothaire et fils de Louis d'Outremer, à cause qu'il s'était rendu vassal de l'empereur Othon. Plusieurs autres raisons obligèrent les seigneurs Français à ce digne choix. Charles, indigné de cette usurpation, se saisit des villes de Laon et de Reims, mais Hugues, à qui ne se fallait pas jouer, le fut assiéger dans Laon. Les bourgeois épouvantés de ses menaces lui livrèrent Charles et sa femme, qu'il fit conduire à Orléans, prisonniers. Hugues fit la guerre à Arnoul, comte de Flandre, pour n'avoir pas assisté à son sacre : il lui prit quelques villes mais il ne poursuivit pas, en étant diverti et prié par Richard, duc de Normandie, en qui il avait toute créance ; ce qui fut signalé service au comte de Flandre, à qui Hugues donna la paix et rendit toutes ses villes après qu'il se fut obligé par serment de fidélité à son fils Robert, qui avait été associé à la Couronne, du consentement des seigneurs de France, en 988 ; et qui lui a succédé. Après sa mort, l'empereur Henry suscita des troubles en Flandre, assiégea Valenciennes, fit des efforts sur Gand, mais il se retira à l'arrivée des Français. Ils firent leurs accords, sur leurs différents pour le comté de Flandre. Ce prince fit de très belles lois et établit en France l'ordre que l'on y suit maintenant pour les apanages et gouvernements. Enfin, ayant mis l'état en bon ordre et en paix, il mourut en 997, ayant régné dix ans. On remarque qu'il donna sa maison de Paris pour édifier l'église de Saint-Barthélemy près le Palais, en reconnaissance de ce que Dieu avait transféré la couronne de France dans sa famille.

Le premier roi de notre lignée est issu d'un collège. Ce n'était pas une élection au suffrage universel direct, comme nous en connaissons aujourd'hui. C'était un choix fait par les meilleurs… Mais une élection quand même.

— Adalbéron, l'évêque de Reims, a fait ma campagne électorale. Ils m'ont élu parce que je ne faisais d'ombre à personne… Mais aussi parce que la famille avait bonne réputation. Je ne suis pas le premier des Capétiens. Avant, il y avait eu Eudes et Robert. Notre devise était « Rendre service ». Eudes et Robert auraient pu prétendre à la royauté… mais ils ont su attendre. Ce n'était pas l'heure. Nous n'avons jamais prétendu à rien. Nous avons reçu, mais nous avons été fidèles au don et à ce qu'il entraînait d'efforts et de responsabilités. Nous n'avons pas reculé devant la charge mais nous ne l'avons pas convoitée. Nous n'avons pas été candidats. D'autres comme Adalbéron ont fait la candidature pour nous. Nous avons été choisis. C'était ça notre élection. Élus, choisis, élection et choix acceptés. Non pas une élection suscitée à coups de tintamarre, de promesses, de corruption, de publicité… Mais un consensus qui s'était établi parce qu'un homme, Adalbéron avait su le cristalliser. Il leur avait dit, à ces princes, comtes et barons, à ces évêques… « c'est celui-là qu'il nous faut ». Et ils se sont rendus à ses arguments. Et j'ai accepté.

Après, il n'y avait plus qu'à faire… ce qui était notre art propre, à nous, les praticiens, les réalisateurs. Ce que j'ai fait… Lisez les livres de vos historiens. J'ai eu de la chance. Ils n'ont pas trop investigué mes maîtresses et mes appétits. Ils ne se sont pas demandé si j'avais des tendances homosexuelles. Ils n'ont pas fait trop attention à moi. Je ne suis pas un personnage de roman. Je n'enchaîne pas les aventures. Je n'aime pas le clinquant. L'un d'entre eux a dit que j'avais des « qualités bourgeoises » et le « sens de l'administration ». Ce n'est pas faux. Et je crois que pour un roi, c'est très important. Nous ne sommes pas là pour notre gloire personnelle, mais pour le service des peuples qui viennent nous le demander. Les peuples sont comme des brebis dans le brouillard ou dans la nuit. Ils ont faim et soif et peur. Il faut leur donner la sécurité, le pain et le vin, et aussi et surtout la joie qui vient de l'œuvre accomplie. Les hommes, en cela, sont différents des animaux. Ils aiment construire, arranger, réaliser. Ils aiment, le soir, contempler leur maison ou leur cabane, ou leur champ, et pouvoir se dire à eux-mêmes qu'ils les trouvent beaux… Alors, ils travaillent à les embellir. Mais tout cela veut du temps, du travail, et surtout « la tranquillité de l'ordre ».

Nous sommes là pour ça, nous les rois, « la tranquillité de l'ordre », et ces quelques mots, croyez-moi, engagent un rude labeur quand on veut les mettre en œuvre.

Mais j'ai eu un trait de génie, moi, l'homme ordinaire des travaux et des jours. J'ai résolu le problème de la succession. Et de cela, je suis fier pour les siècles des siècles. Dante, qui ne m'aimait pas, n'a pas pu se résoudre à me mettre en Enfer. Il m'a placé au Purgatoire, avec les avaricieux et les égoïstes… J'étais « le tronc de cette race ingrate… » qui a fait éclater les rêves de recomposition d'un grand empire, comme celui de Rome et celui de Charlemagne, comme en rêvait le poète florentin… mais comme ce n'était plus le temps.

Oh ! je n'ai pas bâti un ordre nouveau. Ce n'est pas mon genre. Ce n'est pas notre style, à nous, les humbles Capétiens… Mais ce que ni Auguste, ni Clovis, ni Charlemagne n'ont su faire… assurer la tranquillité de leur succession… donner une continuité à notre œuvre, qui aille au-delà de nous-mêmes… maîtriser le temps, investir dans l'avenir, le miroir aux alouettes, cela, je l'ai fait.

Avant moi, les royaumes se divisaient à la mort du roi et la guerre civile, la guerre de succession, ruinait les efforts de celui qui s'en allait et jetait les peuples dans la misère et l'insécurité. J'ai fait une chose très simple. J'ai fait sacrer de mon vivant, et très vite – car nous ne savons pas de quoi demain sera fait – mon fils aîné. Et je l'ai associé à ma royauté ; ainsi, sauf mort imprévue du fils avant le père, tout doit continuer… Mais même dans ce cas, j'aurais adoubé le cadet et la succession eût été assurée. Vous ne pouvez pas imaginer, vous, français du XXIe siècle agités par d'incessantes élections, des campagnes et des complots partisans, la paix intérieure que cet acte m'a donnée. Je ne travaillais plus pour moi, mais pour lui, pour mon fils. Je travaillais obligatoirement pour demain, et en accomplissant la tâche modeste de chaque jour, je bâtissais l'avenir. Moi, le Capet, le modeste, je faisais ce qui ni César, ni Alexandre, ni Auguste, ni Charlemagne n'avaient pu mettre en œuvre : je bâtissais l'avenir.

Le miracle, car il faut employer ce mot, fut que mon fils puis mes petits-fils firent à leur tour le même geste, qui par la suite devint superflu puisque le pli était pris.

C'est une grâce que d'avoir un fils, et un fils vivant, en état physique et mental de vous succéder. Ce n'est pas donné à tout le monde. Et là, je me suis abandonné à la Providence. Je n'ai pas promulgué, pour tenter de me prévenir contre le temps, contre l'avenir, et contre Dieu qui est le Maître du temps, une Constitution écrite instituant ma succession… Je l'ai assurée avec le fils que Dieu et mon épouse m'avaient donné, et avec mes fils et mes petits-fils. Le miracle est qu'ils aient eu des fils à leur tour.

Tel est le socle de la nation française. Il y a le baptême de Clovis, c'est vrai… et il y a l'héritage gréco-romain. Il y a l'Église. Mais, concrètement, sans cette loi de succession, le royaume de France n'eût pas duré, les fondations ne dépassant pas le niveau de la terre. Nous l'avons bâtie nous, « la maison capétienne ».

Et, de cela, vous pouvez légitimement nous remercier, et nous vénérer.

Il était fier, l'humble premier de notre lignée, et sûr de son intention. Il était bien « le tronc de cette race » qui fit le plus beau royaume qu'on ait vu sous les cieux. De 987 – la nuit de l'an mil – à l'apogée de la renaissance du XIIIe siècle, quel essor ! Quel progrès !

Le roi Hugues s'en était allé. Il avait dit ce qu'il souhaitait.

J'ai essayé de le rappeler. Je voulais lui demander une lumière pour aujourd'hui. Lui qui, sans le vouloir, ou plutôt sans le chercher, avait mis fin au rêve de l'empire à reconstituer, et avait ouvert le temps des nations – le temps des royaumes, ce qui revient au même –, que pouvait-il nous dire, aujourd'hui alors que le temps des nations n'est plus le temps des royaumes ?

Faut-il considérer qu'une époque est révolue, qu'aux rois ont succédé les démocraties, et que telle est la loi de l'histoire ?

Mais s'ils avaient cru, eux, les Capétiens, à la loi de l'Histoire, ils auraient cherché à être empereur en chrétienté, et non pas seulement roi en France. Leur exemple répondait à mon interrogation. Ils n'avaient cherché ni à être dans le sens de l'histoire, ni à le remonter. Ils ont fait, au moment où ils étaient, ce qu'ils estimaient devoir faire, pour le droit et le bien du peuple.

Là est notre ligne, pour aujourd'hui, comme pour hier.

Mais c'est moi qui le dis, non pas lui, qui n'aimait pas faire la morale et, encore moins, si cela était possible, annoncer l'avenir.

Il n'empêche ! Être capétien aujourd'hui, qu'est-ce que cela veut dire ?

Bien sûr, il y a le réalisme : prendre les choses où elles en sont, sans rêver qu'elles soient là où elles ne sont pas. Mais après ?

La loi de succession fut leur grande œuvre. Comment les victoires d'aujourd'hui peuvent-elles être ces élections, tous les cinq ans, d'un monarque provisoire ? Quel candidat peut dire qu'il travaille pour son fils, c'est-à-dire pour une génération qui accédera aux affaires dans vingt ans ?

Capet m'avait redit son secret. Il ne serait pas allé plus loin. Il n'aimait pas parler des choses sur lesquelles il n'avait aucune prise. C'était son côté paysan.

II

Le souverain que nous aperçûmes ensuite, sa silhouette si caractéristique se penchant vers nous, c'est celui qu'on appelait Henri le Grand, Henri IV. Bien naturellement, le plus populaire de nos rois attirait d'abord l'attention.

Jean Raspail raconte qu'en 1793, lorsque les mégères des Halles sont allées à Saint-Denis pour déterrer les rois et les jeter dans la fosse commune, le premier cercueil qu'elles ont ouvert était celui d'Henri IV. Mais alors qu'elles pensaient se jeter sur lui, il a paru se dresser, intact, et les poissardes et la racaille en ont reculé d'effroi tandis qu'il les considérait, debout et semblant les interpeller. Finalement, un ou une plus audacieux que les autres a porté au cadavre un triste coup d'épée et celui-ci s'est effondré.

Mais, au cours de la nuit où nous le vîmes, tandis qu'il nous souriait, Henri le Grand n'était pas un cadavre. Bien vivant, il riait de tout ce rire qui le rendit si célèbre et si sympathique à ses contemporains. Il racontait sa destinée et la manière dont il avait pressenti qu'il devait assurer une continuité dynastique pour mettre fin aux guerres de Religion et assurer le redressement du royaume. Son but, comme celui de ses pères, était de créer un espace de paix et de sociabilité où le peuple pourrait vaquer tranquillement à ses affaires sans porter le poids de la guerre, des impôts qu'elle entraîne, et d'une injustice qui engendrait une profonde insécurité.

Pour obtenir cette continuité dynastique, il joua de tout, y compris de son penchant irrésistible pour les belles dames. Au soir de la bataille de Coutras, alors qu'il avait vaincu le parti catholique, il lui fut reproché de ne pas avoir exploité sa victoire en faveur du parti protestant. Mais il savait qu'en le faisant il serait devenu l'adversaire du roi Henri III dont il était l'héritier présomptif. Henri de Navarre choisit alors de ne pas pousser trop loin son avantage et il partit au soir de la bataille, couvrant vingt lieues à cheval pour porter les drapeaux conquis à sa maîtresse qu'on appelait la belle Corysande. Ce qui a été considéré à l'époque comme une faiblesse était en réalité un acte d'une grande habileté politique. Cela, le pape Sixte V, pourtant grand pourfendeur de l'hérésie, l'avait deviné. Il disait, au temps où Henri IV n'était que roi de Navarre et chef du parti protestant, qu'il souhaitait qu'un jour il fût roi de France. Il formait le vœu que le royaume de France redevînt une grande puissance sans quoi le pape finirait « chapelain du Roi d'Espagne ».

Henri le Grand ne fut pas inférieur à son destin. Quand la mort d'Henri III fit que la couronne de France se posa sur sa tête, il comprit qu'il devait abjurer l'hérésie protestante et se faire catholique. Mais comme il connaissait intimement les huguenots pour avoir bataillé à leur tête, il était le mieux placé pour trouver les moyens de faire la paix avec eux sans mettre en péril le caractère catholique du royaume de France. Il racontait aussi combien, avec saint François de Sales et saint

HENRY. 4e. du Nom ROY de FRANCE et de NAVARRE

Fils d'Antoine de Bourbō Roÿ de Nauarre et de Ieanne d'Albret, Nacquit a Pau, en 1553, et fut Eleué et Instruit dans la Religion pretendue reformée, dont il fut declaré le Chef, en 1569 — Iusqu'en 1593 qui fit Abjuration de Son heresie, en Eglise de Saint Denis en france, ou il entendit la Messe, Et ayant Obtenu l'Absolutiō du Pape, et touttes les Villes du Royaumes estans rentrées dans leurs deuoirs, Ce Grand Monarque Entra dans Paris le 22e. de Mars, 1594 et prit possession d'Vne Couronne et d'Vn Royaume qui luy Appartenoit par droict Successif et quy luy Escheoit par la mort d'henry 3e. Roy de france, Arriuée en 1589 Malgre la ligue et l'Espagne quy la Secondoit Apres auoir donné des preuues Ireprochables de Son Incomparable Valeur, aux grandes Batailles de Iarnac, de Coutras, d'Arques, d'Iury, et de Fontaine francoise, et a plus de Cent Combats, et Sieges, qu'il auoit Combattu de sa Main, et Emporte la Victoire, &c, Il Auoit Espousé en l'an 1572 Marguerite de Valois Fille de Henry. 2me et Soeur de Charles IX et d'Henry 3e Roys de France, de laquelle ne pouuant auoir des Enfans, il fut trouué Expedient que Sa Majte Conuoleroit en Secondes Nopces, le Pape ayant declaré Nul, son 1er mariage, et permis aux parties de Contracter, il Espousa Marie de Medicis, en 1600, quy donna a la france en 1601 Louÿs XIIIe du Nom dit le Iuste, et plusieurs autres princes, et princesses, il Conclud la Paix a Veruins, en 1598, auec les Espagnols, quy le redoutoient, Mais les Ennemis du Repos de l'Estat jaloux et ne pouuant Supporter l'Esclat de Sa grandeur, Apres auoir Attenté a sa Vie, ē 1593, et 94, par 2 hōe Nōmez Bariere, et Iean Chastel Susciterent Vn 3e hōme Rauaillac quy le tua d'Vn Cousteau, estant dans Son Carosse au milieu de Paris, le 14e May, 1610, Estant Agé de 56 Ans, 3 mois, ayant regné 21 Ans,

A Paris Chez I. l'Armessin Rüe St Iacques a la Pōme d'Or proche St Seuerin. Auec Priuil. du Roy

HENRI, 4e du Nom, ROI de FRANCE et de NAVARRE, fils d'Antoine de Bourbon, roi de Navarre, et de Jeanne d'Albret, naquit à Pau, en 1553, et fut élevé et instruit dans la Religion prétendue réformée, dont il fut déclaré le chef en 1569. En 1593, il fit abjuration de son hérésie en l'église de Saint-Denis en France, où il entendit la messe. Et, ayant obtenu l'absolution du Pape, et toutes les villes du royaume étant rentrées dans leurs devoirs, ce grand monarque entra dans Paris le 22e de mars 1594, et prit possession d'une couronne et d'un royaume qui lui appartenait par droit de succession, et qui lui échoyait par la mort d'Henri III roi de France, arrivée en 1589, malgré la Ligue, et l'Espagne qui la secondait, après avoir vu des preuves irréprochables de son incomparable valeur aux grandes batailles de Jarnac, de Coutras, d'Arques, d'Ivry et de Fontaine-Française, et à plus de cent combats et sièges où il avait combattu de sa main, et emporté la victoire, etc. Il avait épousé en l'an 1572, Marguerite de Valois, fille de Henri II et sœur de Charles IX et d'Henri III, rois de France, de laquelle ne pouvant avoir des enfants, il fut trouvé expédient que sa Majesté convolerait en secondes noces. Le pape ayant déclaré nul son premier mariage, et permis aux parties de contracter, il épousa Marie de Médicis en 1600, qui donna à la France en 1601, Louis 13e du nom, dit le Juste, et plusieurs autres princes, et princesses. Il conclut la paix à Vervins, en 1598, avec les Espagnols, qui le redoutaient. Mais les ennemis du repos de l'État, jaloux et ne pouvant supporter l'éclat de sa grandeur, après avoir attenté à sa vie en 1593 et 1594, par deux hommes nommés Barrière et Jean Châtel, en suscitèrent un troisième nommé Ravaillac qui le tua avec un couteau, étant dans son carrosse au milieu de Paris, le 14 mai 1610, étant âgé de 56 ans, et 3 mois, ayant régné 21 ans.

Vincent de Paul, il avait entrepris de réformer l'épiscopat de son temps et compris qu'il fallait nommer comme évêques non des valets du pouvoir ni des hommes mus par l'ambition personnelle, mais de véritables saints. Il s'y employa en usant du pouvoir de nomination obtenu par Charles VII. Ce qu'il commença fut poursuivi après sa mort par Louis XIII, par Anne d'Autriche, puis par Louis XIV, et c'est ainsi qu'a fleuri la renaissance catholique du XVIIe siècle, ce Siècle d'or qui fut également, peut-être pour cela, le « siècle des saints ».

Le bon Henri, qui aimait le jurançon, l'ail, la bataille et les belles dames, était loin d'imaginer qu'il poserait ainsi le socle d'une telle renaissance spirituelle ; mais l'accomplissement de son devoir le conduisit à des hauteurs qu'il n'avait pas imaginées.

Dans une page célèbre, Alexandre Dumas le représente au siège de la ville de Cahors, encore tout jeune chef protestant, terrorisé par la guerre et s'efforçant à grand-peine de vaincre la peur que lui inspirait le combat. Dumas prête à Henri IV des propos attribués au maréchal de Turenne lorsqu'il disait à son corps, au plus fort de la bataille : « Tu trembles carcasse mais tu tremblerais encore plus si tu savais où je vais t'emmener ! » Il semble que l'écrivain ait cédé à un certain romantisme car on ne trouve nulle part dans l'histoire d'Henri le Grand qu'il ait eu à surmonter une telle peur. Il avait grandi parmi les champs et la chasse, à cheval et dans les montagnes. Il n'avait, semble-t-il, peur de rien.

Les historiens nous le décrivent arrivant au palais du Louvre, admirant le plafond à caissons, puis, se ravisant, s'exclamer : « De si beaux plafonds et pas un seul jambon ! » Véridique ou légendaire, la formule dit bien le caractère d'Henri. Il possédait un incomparable pouvoir de séduction qui conduisait ses pires ennemis à tomber dans ses bras, et dont il avait su si bien user pour rétablir la paix et réconcilier les adversaires irréconciliables. Il avait au plus haut point le don de l'amitié, et la fidélité à ses amis deviendrait une ligne directrice de son existence. Il conserva auprès de lui, après son avènement au trône, le fidèle Sully, qui put rester protestant tout en étant le grand ministre du roi.

Nous devons à Sully une part de la sagesse d'Henri IV lorsque, contrairement au mouvement du temps, il résista à l'envie de laisser gouverner la finance et le commerce. C'était le temps où l'or venu des Amériques et le développement du commerce maritime semblaient offrir aux nations la promesse de la prospérité économique. Se méfiant de cet engouement, le sage Sully rappela au roi que « labourage et pâturage sont les deux mamelles de la France ». Ainsi, la France conserva sa vocation agricole et resta stable dans les tempêtes qu'entraînèrent plus tard les infortunes de la finance et du commerce international. Henri était trop paysan de nature pour ne pas comprendre spontanément son ministre, mais il avait quand même fallu cet avis et ce poids de l'amitié pour qu'il ne cédât point au chant des sirènes qui prédisaient que l'avenir économique était ailleurs.

À la faveur des torches illuminant la table, nous distinguions d'autres personnages autour du roi Henri. Pour n'avoir pas la même étoffe, ils n'en étaient pas moins les figures de notre histoire. Il était difficile de ne pas voir combien l'entente était forte entre Henri de Navarre et Henri III, bien que leurs tempéraments et leurs physiques différassent profondément. L'un et l'autre se congratulaient dans l'éternité d'avoir partagé le même souci de l'intérêt du royaume. Henri III n'était que délicatesse, parures vénitiennes et atours de la Renaissance, tout en finesse italienne, tandis qu'Henri IV était simplement et véritablement béarnais. Henri III n'avait pas pour les belles dames l'inclination si vive d'Henri IV. Il avait dû supporter beaucoup plus de trahisons et d'intrigues de Cour que son successeur et ces luttes l'avaient beaucoup meurtri. Mais tous deux partageaient la conviction que les conflits religieux ne devaient jamais porter atteinte à l'unité du royaume de France non plus qu'à l'unité supérieure de l'Église. Et naturellement, l'un catholique et l'autre élevé dans la religion protestante avaient trouvé leur point d'accord et l'avaient fait triompher. Au milieu des excès du temps, ils étaient fiers de pouvoir se dire qu'ils avaient « su raison garder », ce qui était leur vraie devise comme elle fut celle des Capétiens.

Non loin d'eux, Philippe, qu'on appelait le Bel à cause de sa prestance et du magnifique regard de ses yeux bleus, rappelait qu'en son temps lui aussi avait tenu à garder cette raison malgré les emportements du pape Boniface VIII, de ses légistes royaux et des évêques gallicans qui le poussait au schisme.

Zélie leva un sourcil, signifiant qu'elle ne comprenait guère ce que le roi évoquait. Philippe le Bel reprit :

— J'étais en conflit avec Rome pour une question de fiscalité tenant aux redevances que le trésor royal pouvait percevoir des évêchés vacants. Rome prétendait à la totalité des bénéfices alors que je considérais que le clergé français devait participer aux efforts qu'en tant que roi j'étais amené à faire, souvent pour défendre la

Chrétienté. Dans ce conflit, le Pape usait de redoutables armes, en particulier l'excommunication. Mes légistes, quant à eux, non moins résolus, voulaient me convaincre de faire déposer le Pape par un Concile et soutenaient globalement, comme le faisaient les gallicans, la supériorité du Concile sur le Pape. Je ne voulus pas entrer dans ce jeu d'arguties et de pouvoir et je me contentai de soutenir l'épreuve de force à laquelle me contraignait Boniface VIII. Je décidai d'endurer l'âpreté du conflit en évitant un schisme qui eût conduit à la constitution d'une Église nationale en France. Je serais devenu chef de cette Église comme ce fut le cas plus tard en Angleterre, en Allemagne et en Hollande. Ma foi y répugnait par trop.

Zélie fit signe que l'explication lui suffisait et sourit aimablement. Elle se réservait le droit d'intervenir encore.

Et en effet, quelle que fût la violence de l'affrontement avec la puissance pontificale, le roi Philippe IV se refusa toujours à créer une religion nationale comme cela se produisit plus tard dans les pays gagnés à la Réforme. Le souci de l'unité de l'Église l'emportait chez lui sur l'orgueil et la passion politique. Il aimait à dire qu'il se sentait aussi chrétien que son grand-père le roi saint Louis et que les courtisans eux-mêmes ne manquaient pas de lui rappeler qu'il était le vrai chef de la chrétienté. Il avait dû combattre les abus qui ternissaient l'Ordre du Temple. Et la malédiction que le grand maître de cet ordre, Jacques de Molay, avait jetée sur lui et sur ses descendants au moment de mourir dans les flammes, à la pointe de l'île de la Cité, est restée dans l'histoire. Preuve qu'on ne s'attaque pas impunément aux grandes institutions ecclésiastiques.

PHILIPES·IVe DIT·LE BEL·
ROY DE FRANCE, fils de Philipes, le
Hardy, et d'Isabelle d'Aragon, Nacquit en
1268, lors Guy, Comte de Flandre, Assisté de
l'Emp.r Adolphe, et du Roy d'Angleterre Edouard IIe,
declara la Guerre a Philipes, Mais ced.t Comte, fut battu, et
prisonnier, Aupres Furnes, les Flamans Se Reuolterent
pour la 2e fois, Et Eurent Auan- tages, Sur les Francois, à Bruges,
et à Courtray, Mais Philipes, les allans Voir, Auec de Nouuelles forces
les d'Esfit Entierem.t Aupres de S.t Omer et leur Accorda Ensuitte la Paix, po.r la
4eme fois, mais Sous de rigoureuses Condi- tions, po.r les tenir en bride; Philipes, ce fit
Arrester, l'Euesque de Pamiez, qui luy Auoit fait Vne Remontrance Outrageuse, et menacante,
de la part du Pape Boniface VIII, à Cause des le- uées de Deniers, qui ce faisoient Sur l'Estat de l'Eglise
de France; Ce Pontife estoit fort Imperieux, et Vou- loit Interdir, le Roy de sō Royaume, et disposer de
Sa Couronne, Comme S'il Auoit eu droit de luy Ar- racher, dequoy Philipes Indigné, deffendit à tous Ses
Sujets, d'Obeir a Boniface, et Se Iustifia deuant tous les Prelats, en Vne Assemblée, qui Approuerent Sa Coduite
il fit passer en Italie, Sara Colonna, et Nogaret, qui Se Saisirent du Pape, et firent conduire lié, garotté
en prison, Ou il mourut de douleur, Six Sepmaine Apres, Benoist XIe Son Successeur, Excommunia
Philipes, Sara Colonna, Nogaret, et leurs Cōplices, pour Cette Indignité rendue au S.t Siege, Mais le Roy
Ayant demandé Pardon, fut Absous, et à Sa Priere les Autres Coupables le furent Aussy; Clement Ve
Auparauant Archeuesque de Bourdeaux, Succeda à Benoist, et transfera le S.t Siege de Rome, à Auignon, ou il a
Esté plus de 70, Années, ce Pape, et Philipes le Bel, Exterminerent l'Ordre des Templiers, dont le Grand Maistre, et
plus.rs Cheualiers, furent bruslez, par Sentences; et tous leurs biens, et Ceux de l'Ordre, furent donnez Aux
Cheualiers, hospitaliers, de l'Ordre de S.t Iean de Hierusalem, en 1314, Et en la mesme Année, le Roy Philipes,
Agé de 46, Ans, en Ayant Regné 29, Mourut d'Vne Cheute de Cheual, estant a la Chasse, à Fontainebleau,
Ce fut luy, qui rendit en 1302 le parlem.t de Paris, Sedentaire, Et donna Naissance au Coñeil qui Suit le Roy,

A Paris, Chez P. Bertrand, Rue S.t Iacques, à la Pomme d'Or, proche S.t Seuerin. Auec Priuil. du Roy.

PHILIPPE IV DIT LE BEL, ROI DE FRANCE, fils de Philippe le Hardi et d'Isabelle d'Aragon, naquit en 1268. Lors, Gui, comte de Flandre, assisté de l'empereur Adolphe et du roi d'Angleterre Édouard II, déclara la guerre à Philippe. Mais ce dit comte fut battu, et prisonnier. Après Furnes, les Flamands se révoltèrent pour la deuxième fois. Et eurent avantage sur les Français à Bruges et à Courtrai. Mais Philippe, les allant voir avec de nouvelles forces, les défit entièrement auprès de Saint-Omer, et leur accorda ensuite la paix, pour la quatrième fois, mais sous de rigoureuses conditions, pour les tenir en bride. Philippe fit arrêter l'évêque de Pamiers, qui lui avait fait une remontrance outrageuse et menaçante de la part du pape Boniface VIII, à cause des levées de deniers qui se faisaient sur l'état de l'Église de France. Ce pontife était fort impérieux, et voulait interdire le Roi dans son royaume et disposer de sa couronne, comme s'il avait eu le droit de lui arracher. De quoi Philippe, indigné, défendit à tous ses sujets d'obéir à Boniface, et se justifia devant tous les prélats, en une assemblée, qui approuvèrent sa conduite. Il fit passer en Italie Sciarra Colonna et Nogaret, qui se saisirent du pape, et le firent conduire lié, garrotté, en prison, où il mourut de douleur, six semaines après. Benoît XI, son successeur, excommunia Philippe, Sciarra Colonna, Nogaret, et leurs complices pour cette indignité rendue au Saint-Siège. Mais le Roi ayant demandé pardon, fut absous et, à sa prière, les autres coupables le furent aussi. Clément V, auparavant archevêque de Bordeaux, succéda à Benoît, et transféra le Saint-Siège de Rome à Avignon, où il a été plus de 70 années. Ce pape et Philippe le Bel exterminèrent l'Ordre des Templiers, dont le Grand Maître et plusieurs chevaliers furent brûlés par sentences ; et tous leurs biens, et ceux de l'Ordre, furent donnés aux Chevaliers hospitaliers, de l'Ordre de St Jean de Jérusalem, en 1314. Et en la même année, le roi Philippe, âgé de 46 ans, en ayant régné 29, mourut d'une chute de cheval, étant à la chasse à Fontainebleau. Ce fut lui qui rendit, en 1302, le Parlement de Paris sédentaire, et donna naissance au Conseil qui suit le Roi.

La réponse de Philippe le Bel obtint un murmure d'approbation de tous les convives. Tous s'accordaient à dire qu'ils considéraient que le respect de l'unité de l'Église et de sa constitution fondée sur la primauté de Pierre constituait un devoir imprescriptible en faveur de l'unité et de la paix du royaume et même, par-delà nos frontières, de la paix du monde.

Louis le Grand (XIVe du nom), qui avait eu à régler la question janséniste, était dans les mêmes sentiments. Louis XVI, le roi martyre à qui son confesseur sur l'échafaud avait dit le 21 janvier 1793 : « Fils de saint Louis, montez au ciel », ne pouvait pas être d'un autre avis. Le sentiment était identique pour ses successeurs Louis XVIII, Charles X et Louis-Philippe, même s'ils déploraient tous que les remous du XIXe siècle aient perturbé à ce point le monde catholique qu'il leur était difficile de s'y reconnaître. L'éloignement puis la séparation entre les puissances ecclésiastiques et les princes constituaient pour eux le grand drame du monde moderne. À l'image de Capet, tous se refusaient à nous dire comment cette histoire pouvait se terminer ; mais aucun d'entre eux ne cachait sa certitude que c'était à l'intérieur même de l'Église que se trouvait la solution.

Je ne voulais pas quitter cette table sans les interroger encore sur la justice, comme ma profession m'en faisait devoir et comme mon maître, Cicéron, l'eût certainement fait à ma place. Je n'osais pas citer la formule célèbre de Michel Audiard : « La justice, c'est comme la Sainte Vierge. Il faut qu'elle apparaisse de temps en temps, sinon le doute s'installe. » Comment la faire apparaître et comment surtout la rendre efficace ? Le sentiment de sa disparition ne trouble-t-il pas terriblement les cœurs des Français ? Quand je prononçai ce mot de justice, tous les regards se tournèrent vers Louis IX, dit le Saint. Il était là tout simplement assis à table et non comme l'avait vu Jeanne, à genoux en prière devant le trône céleste à côté de saint Charlemagne pour supplier le Roi des rois de venir en aide au royaume de France. On voyait bien que son petit-fils Philippe le Bel lui ressemblait. Comme lui, il était grand et blond, l'œil très bleu, les épaules larges, un vrai chevalier.

Quand je prononçai le mot de justice, il répondit en souriant :

— Les grandes choses sont simples et avant d'y mettre son intelligence et sa raison il faut y disposer son cœur. Vous connaissez la première phrase de mon testament : « Beau fils, je t'enseigne d'abord à mettre ton cœur à aimer Dieu. » En m'adressant ainsi à celui qui allait me succéder, c'est évidemment à tous mes successeurs que je parle encore aujourd'hui. Tous ceux qui en France ont souci du royaume de France sont mes successeurs même s'il y en a un, qui, par la nature et par l'histoire, est évidemment *le* successeur.

Quand j'écris : « Mets ton cœur à aimer Dieu », je l'invite à une disposition de la volonté qui précède l'ouverture de l'intelligence. Sans cette disposition du cœur, tout effort intellectuel, et plus encore idéologique, est vain, car la justice n'est pas d'abord une idée mais une vertu, c'est-à-dire une force bien disposée. Les Anciens la définissaient « *constans et perpetua voluntas jus suum cuique tribuendi* », volonté perpétuelle de rendre à chacun ce qui lui est dû. C'est donc d'abord une volonté et cette volonté se déploie, se perpétue dans la vie des nations par le moyen d'une institution qui la communique à plusieurs hommes, les juges. Mais il faut qu'au départ

LOVYS, IX.e, SVRNOMMÉ, S.t

Roy de France Fils de Louys VIII.e et de Blanche de Castille Nacq.t en 1215, Succeda à la Couronne a l'Age de 12 ans, Sa Mere par Sa grande Prudence pendant Sa Regence Calma et dissipa toutes les factions des princes de france liguez Contre Elle a Cause de Son Authoritte, Elle prit Vn Soin tout particulier d'Esleuer Son fils dans touttes les Vertus les pl.s Chrestiennes, pend.t sa Minorite a l'âge de 18 ans, il Espousa Marguerite fille de Raymont Comte de Prouence il Aduint q.e Hugues, Comte de la Marche, par les persuations de Son Ambitieuse femme Se rebella Contre le Roy, et Appella l'Anglois à Son Secours, et Attaquerent Ensemble les francois Sur le Riuage de Charente, Mais ils furent d'Esfaits, et le Comte Hugues, et Sa femme Obligé de Venir demander Pardon au Roy, qui leur Accorda en 1244. il prit la Croisade Apres auoir Esté Sauué d'Vne tres dãgereuse maladie en 1248, Ayant Estably Sa Mere Regente de Sõ Royaume, et le duc Alphonce Son frere; il partit de Marseille Auec Ses deux freres Robert Comte d'Artois, et Charles Comte D'Anjou, Et depuis Roy de Sicile il Arriua en Chypre; et de la passa en Egipte Ou d'abord il deffit les Barbares tüà le Satrape, prit la Ville de Damiette en 1249, y les battit Vne 2.eme fois, Ou le Comte Robert Son frere fut tué, Ses Infidels hazarderent Vn 3.e Combat ou ils furent encor battus, Mais tous les Sultans d'Alep, et de Damas, Auec de nouuelles trouppes S'estans rassemblez pour la 4.e fois en 1250, ils Se letterent Sur les francois, qui estoient pour lors en fort petit nombre a Cause que la Peste en auoit fait perir la plus grande partie, il fallut Succomber, le Roy y fut pris, et il fallut rendre Damiette; Auec huit milles besans d'Or, pour Sa Rançon; Et ensuitte il Se retira à Acre, en 1252, ou il Aprit la mort de Blanche Sa mere; il passa en Syrie Iusqu'en 1254, qu'il reuint en france Ou il S'attacha à la reforme de Son Estat, en 1268, il fit publier Vne pragmatiq.e Sanction touch.t les Benefices, la Piete le fit Se Croiser Vne 2.e fois il Se rendit Auec trois de Ses fils, aux Costes d'Afrique, prit Cartage battit deux fois les mores, pres la Ville de thunis Mais la Peste attaquant Son armee Se S.t Roy en fut frappé, et mourut le 25.e Aoust 1270, Agé de 55 ans en Ayant regné 43

A Paris, Chez Bertrand Rue S.t Iacques, a la Pomme d'Or, proche S.t Seuerin, Auec Priuil. du Roy.

LOUIS IX, SURNOMMÉ S[t], Roi de France. Fils de Louis VIII et de Blanche de Castille, il naquit en 1215, succéda à la Couronne à l'âge de 12 ans. Sa mère par sa grande prudence pendant sa régence calma et dissipa toutes les factions des princes de France ligués contre elle à cause de son autorité. Elle prit un soin tout particulier d'élever son fils dans toutes les vertus les plus chrétiennes, pendant sa minorité. À l'âge de 18 ans, il épousa Marguerite, fille de Raymond, comte de Provence. Il advint que Hugues, comte de la Marche, par les persuasions de son ambitieuse femme, se rebella contre le Roi et appela l'Anglais à son secours ; et ils attaquèrent ensemble les Français sur le rivage de la Charente. Mais ils furent défaits, et le comte Hugues et sa femme obligés de venir demander pardon au Roi, qui le leur accorda en 1244. Il prit la croisade après avoir été sauvé d'une très dangereuse maladie en 1248, ayant établi sa mère régente de son royaume, et le duc Alphonse, son frère. Il partit de Marseille avec ses deux frères Robert, comte d'Artois, et Charles, comte d'Anjou et depuis roi de Sicile. Il arriva à Chypre et de là, passa en Égypte où d'abord, il défit les Barbares, tua le Satrape, prit la ville de Damiette en 1249, les y battant une deuxième fois. Le comte Robert, son frère, y fut tué. Ces Infidèles hasardèrent un troisième combat où ils furent encore battus. Mais tous les sultans d'Alep et de Damas, avec de nouvelles troupes, s'étant rassemblés pour la quatrième fois en 1250, ils se jetèrent sur les Français, qui étaient pour lors en fort petit nombre à cause que la peste en avait fait périr la plus grande partie. Il fallut succomber, le Roi y fut pris, et il fallut rendre Damiette, avec 8 000 besants d'or, pour sa rançon. Et ensuite, il se retira à Acre en 1252, où il apprit la mort de Blanche sa mère. Il passa en Syrie jusqu'en 1254, et il revint en France où il s'attacha à la réforme de son État. En 1268, il fit publier une pragmatique sanction touchant les bénéfices. La piété le fit se croiser une deuxième fois. Il se rendit avec trois de ses fils, aux côtes d'Afrique, prit Carthage, battit deux fois les Mores, près de la ville de Tunis. Mais la peste attaquant son armée le Saint Roi en fut frappé et mourut le 25 août 1270, âgé de 55 ans, ayant régné 43 ans.

cette volonté soit dans le cœur du premier des juges qui est le Prince. La vertu de justice est la marque des vrais rois. Si un roi n'est pas juste, il n'a pas droit au titre de roi, il n'est qu'un tyran ou un conquérant comme un autre. Sans cette pratique de la justice et cette mise en œuvre de ce qui est droit, le pouvoir politique n'est plus qu'une entreprise de pillage et l'impôt que lève le Prince sur le peuple un abus. Il faut que le peuple, en retour de l'impôt, reçoive la justice.

L'histoire a voulu me magnifier dans mon rôle de justicier. Recevant les plaideurs, y compris les plus humbles, et les écoutant avant de rendre ma décision et de désigner le droit véritable, je ne faisais que reprendre l'essentiel de la tradition capétienne. Et c'est parce que la justice royale était meilleure que les autres que nous avions le droit et le devoir d'étendre le domaine royal. Mes préceptes furent simples. On avait coutume de faire trancher un litige par un duel entre les parties. J'ai dit : « Bataille n'est point voie de droit. » À quoi servent la justice et le pouvoir royal si les particuliers peuvent la trouver dans une vengeance privée ? J'ai donc substitué à la guerre privée le recours au droit. J'ai constaté qu'en de nombreux lieux la coutume qui servait de référence était profondément injuste. J'ai donc décidé d'abattre les mauvaises coutumes. Mais comme les bonnes coutumes étaient plus nombreuses que les mauvaises, j'ai d'abord conseillé à mon fils de soutenir les premières avant de supprimer les secondes. Pour cela, il est nécessaire de les bien connaître. C'est tout le travail des juristes et de ceux qu'on appelle les jurisprudents.

J'ai voulu que les hommes de loi et tous ceux qui participent à l'œuvre de justice aient les mêmes dispositions de cœur, et c'est pourquoi j'ai imposé le serment, non seulement aux juges mais aussi aux avocats. Car si les avocats n'ont pas le sens du juste, ils n'éclairent en rien le débat et n'aident pas le juge à dégager la solution droite. Il faut que l'exemple vienne d'en haut. C'est pourquoi cette considération est au cœur même de la vie d'un État et de la responsabilité du roi.

Vous dites toujours dans vos discours aujourd'hui que la justice est une prérogative régalienne – ce qui veut dire royale –, mais en pratique, comme il n'y a plus de rois qui s'en préoccupent, elle devient un prétendu service public, détaché de sa finalité et qui n'est plus qu'un pouvoir sans autre but que sa propre conservation. C'est le principal défaut de votre justice, qui a perdu le sens de sa finalité pour devenir une simple technique. Elle peut ainsi se mettre au service des puissants ou au service d'elle-même – ce qu'on appelle le gouvernement des juges. Rien n'est plus pressant aujourd'hui que la remise en œuvre d'une vraie justice, et seul un Prince dont le cœur est habité par cette volonté sera en mesure de le faire. Je prie le ciel qu'il y ait aujourd'hui dans le royaume de France suffisamment d'hommes et de femmes persuadés de cette vérité et décidés à la mettre en œuvre. Telle est votre première nécessité.

Le Sage, le Juste, le Saint avait parlé. En peu de mots, tout était dit. Mon confrère et ami Marcus Tullius Cicero approuvait. Que l'on soit à Rome sous la République ou à Paris sous la République moderne, la leçon était la même. Saint Louis s'imposait.

Il m'apparaissait qu'il y avait bien plus qu'un symbole dans le fait que la statue de saint Louis fût placée au Palais de justice de l'île de la Cité, à l'extrémité de la galerie Saint-Louis, à l'entrée de la Cour de cassation qui siège comme notre juridiction souveraine. Je murmurai à Zélie que je l'emmènerais bientôt contempler la statue du grand roi, parce qu'il serait bon d'y emmener toutes les jeunesses de France en leur expliquant la signification de sa présence silencieuse.

III

Assise près de moi, déconcertée par l'irruption des rois dans la nuit mystérieuse, je sentais que Zélie souhaitait intervenir à son tour. Ce n'était pas que les questions manquassent, ni qu'elle eût craint cette auguste assemblée. Fine, réservée, elle observait avec curiosité cette table où les rois enseignaient sans qu'il eût encore été question de leurs reines. Jeune fille de son temps, elle aurait voulu entendre ces hommes se livrer un peu au sujet de leurs mères, de leurs épouses et de leurs filles. Qu'en était-il des femmes dans cette Histoire de France contée par nos rois ?

Rares sont les rois dont on peut dire qu'ils ont été des époux modèles. Il faut convenir que leurs mariages, arrangés entre dynastes à travers l'Europe, ne laissaient guère de place à la liberté. Au sens strict, considérées sous l'angle du droit matrimonial qui repose sur la liberté de consentement des époux, leurs unions, si elles avaient été contractées à une époque récente, eussent facilement été annulables. Et pourtant, c'est dans le ventre de la reine que se tissait la continuité du royaume. Un grand respect entourait donc l'épouse du roi, qui était souvent la mère du prochain roi. Nombre d'entre elles ont assuré la régence du royaume pendant la minorité de leurs fils. On ne peut trop rappeler le souvenir de Blanche de Castille, la mère de saint Louis, qui était aussi la petite-fille d'Aliénor d'Aquitaine. Et comment ne pas mentionner Anne d'Autriche, femme de Louis XIII et mère de Louis XIV ? Ou encore Catherine de Médicis, femme d'Henri II et mère de trois rois : François II, Charles IX et Henri III ? Mais dans l'imaginaire français, celle qui reste *la* reine, c'est bien évidemment Marie-Antoinette. Le destin tragique de la fille de l'impératrice Marie-Thérèse, qui passa de la Cour d'Autriche à la Cour de France, puis à la prison du Temple, puis à la Conciergerie avant de finir sur l'échafaud place de Grève, a tellement marqué les imaginations que, lorsqu'on dit *la* reine, c'est à elle que l'on pense.

Marie-Antoinette apportait à Versailles le charme d'une princesse éprise de la nature, aimant les animaux et la campagne. Elle exprimait bien, à sa façon, une part de l'esprit son temps, celui du « retour à la nature ». Avant de se transformer en terribles doctrinaires puis en sanglants terroristes, les premiers écologistes avaient été disciples de Jean-Jacques Rousseau. Marie-Antoinette à Trianon, vaquant quelques instants parmi ses poules et ses moutons, n'avait pas épousé, même de loin, les excès et les idéologies que le philosophe Emmanuel Kant désigna sous le nom de *Lumières*. La Reine était surtout sensible à la beauté naturelle du langage de Jean-Jacques. La musique de la phrase dans les *Rêveries du Promeneur Solitaire* la touchait bien davantage que les pesantes démonstrations du *Contrat social*. Peu consciente de la signification politique des œuvres de Beaumarchais, elle riait beaucoup à ses comédies qu'elle faisait jouer à Versailles quand le ministre du roi les faisait interdire à Paris. Guère encline aux intrigues de cour, lassée de l'étiquette corsetée qui, jour et nuit, réglait ses moindres actions, elle s'ouvrait naturellement à tout ce qui était nouveau sans y voir aucun mal. On ne peut pas dire, comme certains l'ont prétendu, qu'elle ait hâté la Révolution, mais il est certain qu'elle ne l'a pas anticipée.

Finalement, c'est dans l'épreuve qu'elle a reçu son second sacre, celui de la souffrance. Jeune fille déconcertante de naïveté et d'entrain, femme et mère entière dans une cour passablement faisandée, on l'avait injustement crue sans étoffe et superficielle. Sa fidélité au roi dans l'épreuve et le martyre ont dessiné à jamais les traits de cette Reine altière, digne, invincible jusque dans la défaite que ses juges lui infligèrent en la condamnant à mourir sur l'échafaud. David l'a croquée, le 16 octobre 1793, tandis qu'assise sur une charrette, droite, épuisée par le sort, elle s'avance majestueusement vers sa mort. Ses larmes ont tari, ses yeux sont secs : « Mes yeux n'ont plus de larmes pour pleurer », avait-elle écrit peu avant à sa belle-sœur. En la privant de tout, ses juges avaient dévoilé sa grandeur. Alors qu'ils l'accusaient d'avoir eu des pratiques incestueuses à l'égard son unique fils, elle se tut d'abord puis devança ses avocats en poussant ce cri fameux : « Si je n'ai pas répondu, c'est que la nature se refuse à une pareille inculpation faite à une mère. J'en appelle à toutes celles qui sont ici. » Le frémissement qui courut dans le public fit reculer l'accusation. À l'annonce de la mort du roi son époux, elle avait mis un genou à terre devant son fils en disant : « Le Roi est mort. Vive le Roi ! », montrant que le sens dynastique était inné chez elle. Que d'épisodes il faudrait encore citer. Et comme chaque fois que je pense à la Reine, les images se bousculent sans ordre dans mon esprit et l'émotion m'étreint.

Un jour, la foule en colère était venue à Versailles, armée, vindicative, exigeant de ramener à Paris « le boulanger, la boulangère et le petit mitron ». Le peuple avait faim et réclamait du pain au Roi, à la Reine et à leur fils. On hésitait s'il fallait tirer sur la foule. Louis XVI voulait protéger son peuple mais aussi sa femme et son fils. La Reine, digne héritière de toutes les grandes reines qui l'avaient précédée, prit son fils dans ses bras et s'avança sur le balcon. Elle fit alors devant le peuple une profonde et noble révérence à laquelle se joignit son mari. Médusé, le peuple, les larmes aux yeux, hurla des vivats, et un bain de sang fut évité. Le geste de la Reine ne relevait pas d'un calcul politique mais du fond de son âme : elle était reine de ce peuple et, à cet un instant, par ce geste semblable à celui qu'elle eût adressé à un souverain, le peuple vit que sa Reine ne lui mentait pas.

Heureusement, si les historiens n'ont pas relevé tous les traits de nos reines, les historiennes, elles, s'en sont occupées. Simone Bertière a fait le portrait de toutes celles qui ont compté dans l'Histoire, et chacune a compté pour sa part. J'aurais mauvaise grâce à les faire parler puisque, ce soir-là, elles ne siégeaient pas au banquet. Peut-être aurais-je dû réclamer qu'elles vinssent ? Zélie, tout près de moi, me rendait attentif à une part de l'histoire que j'avais omise. Les rois eux-mêmes – car cette nuit ils devinaient tout – gardèrent le silence. Le regard amusé du bon roi Henri et l'air de reproche affectueux de saint Louis me firent comprendre l'incongruité de mon oubli. Mais pas un mot de réprobation ne fut prononcé à mon endroit. Nos rois sont bien élevés et la pudeur de leurs sentiments, leur réserve naturelle et leur silence m'enseignèrent bien plus, ce soir-là, que bien des manifestes féministes. Zélie avait obtenu gain de cause !

Comme il ne m'était pas permis d'aller plus avant, je me bornai à repasser en esprit ces pieux souvenirs. Je songeai à Louis XIV se contentant de dire que sa mère, Anne d'Autriche, avait été plus qu'une régente, un véritable homme d'État. L'histoire nous le disait, mais ce témoignage rendu par un fils si au fait du sens de l'État est le plus bel éloge politique qu'elle ait reçu. Il est vrai qu'en un temps où la Fronde, des nobles d'une part, du Parlement ensuite, menaçait la vie même du royaume et du roi, les deux ne durent leur salut qu'à l'alliance que conclurent en leur faveur Anne l'Autrichienne et Giulio Mazzarini, l'Italien. Cette seule alliance suffirait à prouver que parfois, certains « étrangers » s'occupent mieux du royaume de France que les Français de souche tels que l'étaient les nobles et les parlementaires cramponnés à leur Fronde. Il faut dire qu'Anne d'Autriche, comme Mazarin, veillait sur le roi, qui était fils de l'une et filleul de l'autre.

À côté des reines, il y avait bien sûr les favorites, mais à ce propos aussi les rois étaient très discrets, et je sentis que le passage par la grande épreuve de la mort les avait assagis, dans leurs passions comme dans leurs démonstrations de vertu. Pour nous qui sommes encore sur le chemin aride de cette existence, l'histoire s'est chargée de mettre ces femmes en valeur. On s'est rendu compte que leurs biographies faisaient plus recette que celles des femmes légitimes, et ce malgré la brièveté de leur présence auprès des rois. Certaines, pourtant, ont joué un rôle sinon politique du moins culturel, dirions-nous aujourd'hui. Je pense particulièrement à la Pompadour à qui nous devons l'École militaire (la façade d'Ange-Jacques Gabriel), l'Élysée et une partie de l'hôtel Matignon. Mais là-dessus encore, le silence régnait parmi nos rois parce que toute la beauté des arts français reculait devant la majesté des reines. À elles avait incombé en premier lieu la charge d'offrir à la France le futur souverain. À elles revenait la gloire d'avoir donné naissance à celui dont on attendait le maintien de la paix et de la prospérité.

Les torches projetaient sur la nappe des éclats qui déchiraient la nuit en se mouvant au gré de la brise. Les visages de nos rois se dérobaient puis reparaissaient dans la lumière. Je mesurai l'immense privilège que m'accordait cette nuit et je résolus de continuer d'interroger ces maîtres que j'avais si longtemps aimés avant que de les voir. Soucieux des temps présents, je désirais me tourner vers ceux d'entre eux qui avaient traversé des époques troublées, parce qu'il me semblait que ce qu'ils avaient vécu ressemblait davantage à ce que nous vivions aujourd'hui. L'un d'entre eux me réveilla de ma nostalgie en disant :

« Est-il des temps qui ne furent pas troublés ? Si vous saviez ce que nous avons eu à mener de guerres et de procès pour agrandir ou consolider le domaine royal, pour asseoir son autorité ou défendre son indépendance. Ce fut une lutte sans répit. »

Cette remarque sortait les rois du cadre d'or où mon imagination les plaçait parfois. Un roi n'est pas un sourire aimable sur un portrait en pied. Il doit constamment exercer les plus grandes vertus, garder un esprit toujours en éveil, la vigilance du chien qui protège le troupeau et le ramène à la bergerie. Il n'a pas le droit de se reposer. Il n'a pas le droit de ne pas faire attention. Il doit non seulement obéir aux ordres du berger, mais le plus souvent devancer ses ordres en flairant le danger qui menace le troupeau. Il lui revient de réunir au troupeau les brebis égarées que les loups guettent et sur lesquelles ils ne tardent jamais à se jeter.

Nous reprenons ici la formule de la *Chanson de Roland* que le poète met dans la bouche de Charlemagne : « Ah ! que peineuse est ma vie ! » Au roi plus qu'aux sujets, le destin est prodigue de peines et l'honneur du souverain est de ne pas fuir ses épreuves mais de les assumer dans leur totalité. Aucun de nos hôtes, cette nuit-là, ne me dit que le poids de ces labeurs expliquait leur recours à certaines distractions, mais il était aisé de le comprendre.

Henri II intervint. Il avait toujours cet œil abîmé lors du tournoi qui lui avait coûté la vie le jour où il avait marié sa fille à Philippe II d'Espagne, mettant ainsi fin à une guerre désastreuse. C'est dans cette guerre qu'il avait essuyé l'une des plus grandes défaites de l'histoire, celle de Saint-Quentin. En apprenant l'ampleur de la défaite, il avait eu ce mot devenu plus historique encore que le « Tout est perdu, fors l'honneur » de son père François Ier : « Il ne nous reste plus maintenant qu'à faire bonne figure et à ne nous étonner de rien. »

Je m'étais permis de citer cette formule à mon confrère, ami et maître Marcus Tullius Cicero quand il m'avait fait l'amitié de venir passer quelques soirées avec nous à la terrasse des bars de Vivario. En entendant ce mot, Cicéron avait demandé si c'était un stoïcien qui l'avait prononcé. Je répondis que ce n'était pas un stoïcien mais un roi de France, et Cicéron me dit que c'était digne de la Rome antique. C'était digne de Scipion, et des plus grands de l'Antiquité romaine. Et de fait, c'est vraiment la continuité de cette force, de cette sagesse, de cette tranquillité dans l'adversité qui montre de quelle race sont ces rois. Ils étaient habitués à la gloire et aux conquêtes, à la victoire mais aussi aux revers et aux défaites. Cette pratique constante des succès et des échecs est ce qui leur permettait de tenir dans l'épreuve et parfois d'en tirer un avantage.

Henri II prit la parole et dit :

— Ce qu'on ne dit pas de nous, c'est que sous nos règnes, un nombre incalculable d'événements est passé entre nos mains. Dès qu'une chose comptait, elle remontait jusqu'à nous et il fallait statuer. Le plus souvent, nous laissions les choses se faire naturellement parce que les événements ont un cours qu'il faut savoir respecter. D'autres fois, si la nouvelle était mauvaise et qu'une menace réclamait notre attention, il fallait intervenir. Il ne s'agissait pas toujours de batailles ou de complots. Un roi ne défend son royaume que pour y favoriser les fruits de la paix. Ainsi, entre bien des exemples, au cours de mon règne, une véritable révolution littéraire a eu lieu quand le groupe de la Pléiade – Ronsard, du Bellay, Baïf, Rémi Belleau – ont renouvelé de fond en comble la poésie, alors soumise à l'empire de Clément Marot et des rhéteurs dont le style avait captivé la Cour. Aussi curieux qu'il en paraisse, il a fallu contribuer à départager entre, d'une part, ces nouveaux venus – que beaucoup voyaient comme de petits prétentieux – et les anciens, qui s'étaient englués dans des procédés et des thèmes fatigués qui appelaient un renouvellement.

Mon père, François Ier, ne voulant pas attaquer la Sorbonne de façon directe car elle était trop puissante et se fût nourrie d'un scandale pour renforcer son empire, avait fort habilement imaginé de créer non loin d'elle

ENRY.II. ROY DE
RANCE Fils de Francois I.er
de Claude de France, Nacq.t en
18, il fut Sacré a Reÿms, et Espousa
aterinne de Medicis, a Son Auenem.t a la
ouronne, les Affaires. n'eurent aucun Changem.t,
n Ayant eu Connoissance du Viuant de Sō Pere, il pro=
gales P.ces d'Alemagne, Vers lesq.ls il Enuoÿa le Cōnestable de
ontmorency, Auec des troupes, q. ce Saisit en pass.t de Metz, Toul, et
erdun, et luy Arriuāt Auec Sō Armée, Obligea l'Emp.r Charles V.e a faire la Paix,
uec ces P.ces, l'Emp.r Indigné de ce q.' tant de Villes, Estoiēt reunies a la France, Reuint
uec Cent Milles hōes, Assieger Metz, Ou apres 6. mois de tranchée Ouuerte, et Grande Pertes, fut
ontraint de leuer le Siege par la forte resistāce du Duc de Guyse, q. estoit dās la place, Auec l'élite
e la Noblesse, Ce fut le dernier Exploit de l'Emp.r ce qui le fit resoudre a la Retraite, lais.t ces Estats
Philipe 2 Sō Fils, leq.l vint Auec 40000 hōes, Oue les Anglois, ces Aliez, il prit S.t Quentin. lors le Duc
e Guyse fut rapellé d'Italie, ou il estoit allé et eu la Conduite de cette Guerre, Ou d'abord, faignāt de
onner d'vn autre Costé, fut ce Saisir de Calais, q. les Anglois tenoient depuis pl.s de 200 Ans, il prit
ussy plus.rs autres Villes, qui luy firent meriter le tiltre de Grād Cap.ne et Protect.r de la france; la Paix
e fit en 1559, par le Mariage d'Elisabeth de France, Auec led.t Philipe II Roy d'Espag.e et par le traité, S.t Quentin, Ham,
t le Catelet reuinrent a la france, la mesme Année fut funeste po.r le Roy, lequel Voulant Iouxter, Contre le
omte de Montgomery, fut blessé au Visage, du tronçon de la lance, du Comte, dont il mourut peu de Iours
pres, Agé de 42 Ans, lais.t po.r Success.rs Francois II, Charles IX, et Henry III, ces Enfans,

Paris, Chez P. Bertrand Rue S.t Iaques, a la Pōme d'Or, proche S.t Seuerin, Auec Priuil, du Roÿ.

HENRI II, ROI DE FRANCE, fils de François Ier et de Claude de France, naquit en 1518. Il fut sacré à Reims et épousa Catherine de Médicis. À son avènement à la Couronne, les affaires n'eurent aucun changement, en ayant eu connaissance du vivant de son père. Il protégea les princes d'Allemagne, vers lesquels il envoya le connétable de Montmorency avec des troupes, qui se saisit en passant de Metz, Toul et Verdun ; et, arrivant avec son armée, obligea l'empereur Charles V à faire la paix avec ces princes. L'Empereur, indigné de ce que tant de villes étaient réunies à la France, revint avec 100 000 hommes assiéger Metz où, après six mois de tranchée ouverte et grande pertes, il fut contraint de lever le siège, par la forte résistance du duc de Guise, qui était dans la place avec l'élite de la noblesse. Ce fut le dernier exploit de l'Empereur, ce qui le fit résoudre à la retraite, laissant ses États à Philippe II, son fils, lequel vint avec 40 000 hommes, outre les Anglais, ses alliés : il prit Saint-Quentin ; lors le duc de Guise fut rappelé d'Italie, où il était allé, et eu la conduite de cette guerre, où d'abord, faignant de donner d'un autre côté, il fut se saisir de Calais, que les Anglais tenaient depuis plus de deux cents ans. Il prit aussi plusieurs autres villes, qui lui firent mériter le titre de Grand Capitaine et Protecteur de la France. La paix se fit en 1559, par le mariage d'Élisabeth de France avec le dit Philippe II, roi d'Espagne, et par traité. Saint-Quentin, Ham, et Le Catelet revinrent à la France. La même année fut funeste pour le Roi, lequel voulant jouter contre le comte de Montgommery, fut blessé au visage du tronçon de la lance du comte, dont il mourut peu de jours après, âgé de 42 ans, laissant pour successeurs François II, Charles IX et Henri III, ses enfants.

son Collège royal. On l'appelle aujourd'hui le Collège de France, et l'on y enseignait librement les matières que bannissait la Sorbonne. Toute cette équipe de la Pléiade était issue du Collège royal dont elle suivait les enseignements et où elle apprenait le grec et le latin directement dans le texte et non par le truchement des sorbonnards. L'enthousiasme de cette jeunesse ne connaissait pas de bornes et nos nouveaux poètes défrayaient parfois la chronique. Ne les avait-on pas vus s'amuser à célébrer les dieux et les déesses de l'Antiquité en coiffant en leur honneur des moutons ou des brebis, immolant certaines bêtes et processionnant vers des arbres supposés divins ? Je ne voyais là aucune volonté de lutter contre le dogme catholique et, au contraire, il m'apparaissait que ces jeunes « païens » étaient plus catholiques que beaucoup de ceux qui, derrière Luther et Calvin, prétendaient réformer l'Église. L'avenir m'a donné raison car ceux-là ont entraîné une vraie division et une vraie guerre dont le royaume et l'Église ont failli périr tandis que les jeunes amoureux des dieux antiques se sont contentés de poésie et de chansons. La Pléiade n'a jamais porté atteinte à aucun dogme. Elle a toujours maintenu qu'il n'y avait pas de compétition entre les anciennes religions païennes et la vraie religion de Jésus-Christ telle que l'Église l'apporte et la répand.

François Ier avait promulgué l'édit de Villers-Cotterêts par lequel il imposait que tous les actes publics ne fussent plus écrits en latin mais en français. C'était dans la même lignée que ces jeunes gens de la Pléiade prétendaient faire une poésie vraiment française, égale à la poésie latine et à la poésie grecque. Mais ils tenaient à ce que l'on n'employât plus le latin ou le bas-latin mais bien le français, le jeune français, ce français que

Jeanne d'Arc avait si bien manié devant ses juges lors de son procès de Rouen et dans ce qu'il nous revenait du procès de Poitiers et du procès de Chinon. Cette langue merveilleuse, qui, aux dires de ses contemporains, rendait ses répliques si heureuses. Cette langue qui a fait dire d'elle à Jean Cocteau qu'elle était le plus grand écrivain français, elle qui ne savait pas écrire ! Ce français que François Villon avait mis à l'honneur et que Rabelais avait célébré en créant comme il lui plaisait autant de mots qu'il lui était nécessaire pour illustrer la sagesse prolifique et même pléthorique, si l'on peut dire, de son Gargantua et de son Pantagruel.

C'est sous mon règne que toutes ces choses sont arrivées, et je sais que je n'ai été étranger à aucune de ces trouvailles. Tous les conflits qu'elles suscitaient remontaient jusqu'à moi, et Dieu sait que chez les hommes de lettres, les rancunes sont dures et les haines tenaces. On dit que « la littérature ajoute à la férocité naturelle de l'homme », et il m'a bien fallu trancher entre ces diverses écoles et laisser à chacun la possibilité de s'épanouir.

Puisqu'il avait été question des reines, Henri II ajouta que son épouse Catherine de Médicis, la Florentine, n'avait pas été indifférente aux talents de ces poètes et de ces savants qu'il avait évoqués avec tant d'émotion. Sensible à la manière de Pétrarque et de Dante, elle se réjouissait de les voir exaltés par les tenants de cette nouvelle école. Pour elle, comme pour les membres de la Pléiade, ces auteurs apparaissaient comme de véritables génies, d'authentiques renaissants et de vrais maîtres du nouvel humanisme. Ainsi, c'est en partie grâce à une reine et grâce aussi à Diane de Poitiers, qui était la muse du règne et à qui chacun demandait conseil, que cette jeune école s'est installée. Si la Pléiade est devenue si fameuse, ça n'a pas été sans l'approbation et la protection bienveillante de la Cour, et donc du roi.

Il est vrai que nous voyons souvent les rois sous leur aspect strictement politique et que, mis à part Louis XIV, qui s'est fait son propre mécène, il nous semble qu'il y ait eu comme un écran entre ce qui se passait dans le Conseil du roi et ce qui se passait dans les écoles et dans les librairies. Or tous les livres paraissaient avec la mention « Par privilège du roi », ce qui signifie un consentement de Sa Majesté. Ainsi, la vie culturelle, comme on dit aujourd'hui, était un domaine sur lequel les souverains étaient constamment penchés et qui les intéressait beaucoup. Ce qu'on a appelé « le rêve italien », qui a occupé Charles VIII, François Ier, Henri II et même Henri III, ne tenait pas seulement à Catherine de Médicis ou à la grand-mère de Louis XII, qui était une Visconti, mais à ce que l'Italie, qui tient une place importante dans l'échiquier européen, occupât aussi, en dehors de la diplomatie et de la guerre, une place décisive dans la culture. François Ier avait ramené de ses campagnes Léonard de Vinci, qui nous fit l'honneur de mourir en France. Ses capitaines, comme le père de Ronsard, avaient importé chez eux le style de vie à l'italienne et les devises qui marquaient la Renaissance dans ce pays. Sous leur influence et sous celle de leurs souvenirs, les châteaux de France se sont modifiés, les fenêtres se sont ouvertes au soleil, les galeries se sont ajourées. On a fait place aux dames pour pouvoir danser et pour qu'elles puissent suivre la chasse sans avoir à se fatiguer. Bref, on a civilisé, au sens fort du terme, ce qui était brutal et militaire et ainsi, une nouvelle façon de vivre, un nouvel art de vivre, une nouvelle sociabilité se sont développés. Les rois ont porté ce changement sans le moindre réflexe identitaire ou nationaliste. Au contraire, ils se montraient en tout extrêmement ouverts à ce qui pouvait agrandir, perfectionner, embellir le royaume dont ils avaient la charge.

Henri II s'était rassis, il avait fini son discours et cette brusque exaltation qui l'avait saisi me sembla remarquable tant les rois mettaient ordinairement un point d'honneur à s'exprimer brièvement. Les lettres et le savoir avaient compté pour Henri II au même titre que les affaires politiques, et peut-être parmi elles, à la première place tant il est vrai que le gouvernement manquerait à son but s'il ne disposait pas les peuples aux choses de l'esprit. Dans ce discours, les paroles avaient le poids des actions.

Cette longue confidence du roi ne resta pas sans effet sur ses pairs. L'enthousiasme d'Henri II suscita des hochements de tête approbateurs. La nuit était obscure, qui se prêtait à la confidence et alors que je m'enhardissais à les interroger, ils eurent la grâce de me répondre et de prononcer, en guide de réponse à mes demandes, d'autres brèves observations. Il fallut parfois un peu supplier pour parvenir à mes fins. Ainsi Louis VII, l'époux malheureux d'Aliénor d'Aquitaine, se fit beaucoup prier avant de bien vouloir nous redire sa fameuse formule : « Nous autres Français, nous ne sommes pas riches, nous n'avons que le pain, le vin et le sourire. » Il fut approuvé de tous ses fils et petits-fils.

Je demandais à Charles V le Sage ses mots définitifs sur la couronne et le pouvoir de régner mais je dus les lire moi-même parce qu'il avait trop de pudeur à les répéter. Les voici :

CHARLES, 5e DIT LE SAGE,
ROY DE FRANCE, Fils, de Iean le Bon
et de Bonne, de Luxembourg, Succeda
a la Couronne en 1364 et fut Sacré la mesme
Anneé, il auoit Espousé Ieanne de Bourbō; dans le
Cōmencemt de Sō regne il y eut de grands troubles,
Entre Charles, Cte de Blois, et Iean, Cte de Montfort, au Sujet
de la Bretagne, mais a la 1ere rencontre, leur dispute fut ter=
mineé, Car le Cte de Blois fut tué, et Montfort fut declaré duc de Bre=
tagne, Ensuitte le duc de Bourbon, et le Cōnestable du Guesclin firent de grāds
Exploits dans l'Espagne, Soutenant le party d'henry, fils Naturel d'Alphonce de Castille,
Contre Pierre le Cruel, Roy de Castille, quy estoit Vn Apostat, et ennemy déclaré du nom Chrestien par
Ses barbares impietez, il fut pris par les francois, et finit malheureusemt Sa Vie, laist la teste Sur Vn
Eschafaut, et henry fut mis Sur le trosne, et pour reconnoistre les merites de du Guesclin,
le fit connestable de Castille, Charles Ve du Consentem. des Estats, rompit le traité de Bretigny, fait
auec l'Angleterre, dont le Roy Indigné, Entra en france, auec Son Armeé pour la rauager, mais le
Cōnestable du Guesclin, l'Attaqua cy apropos, quil fut contraint de se retirer, Suiuy des marques
d'Vne honteuse déroute, Charles Ve faist reflexion Sur les Armes de france, des fleurs de lys, Sās nōbre,
fut inspiré de les reduire a trois, et preuoyant les mouuemens dangereux, quy peuuent Arriuer pendt la Minorité
des roys, Voulut par Son Ordonnance de 1375, en Abreger le temps, en fixant la majorité a 14 Ans, On Assure que
ce Prince fut par l'Ordre du Roy de Nauarre, Empoissonné, d'Vn Sy Malin poison, quil n'y eut point de remede, quy
le put guerir; Enfin Apres Auoir declaré le duc d'Anjou Regent, les ducs de Berry, et de Bourgogne, tuteurs de Ses
Enfans, Ayant mis Ordres aux Affaires de Son Royaume, et de Sa maison, il mourut en 1380, au Chasteau de baute
proche Vincennes, Agé de 42 Ans, en Ayant regné 16, ;

A Paris Chez Bertrand, rüe St Iacques, a la Pomme d'Or, proche St Seuerin, Auec priuil. du Roy.

CHARLES 5e, DIT LE SAGE, ROI DE FRANCE. Fils de Jean le Bon et de Bonne de Luxembourg, succéda à la Couronne en 1364, et fut sacré la même année. Il avait épousé Jeanne de Bourbon. Dans le commencement de son règne, il y eut de grands troubles, entre Charles, comte de Blois, et Jean, comte de Montfort, au sujet de la Bretagne, mais à la première rencontre leur dispute fut terminée, car le comte de Blois fut tué et Montfort fut déclaré duc de Bretagne. Ensuite, le duc de Bourbon et le connétable du Guesclin firent de grands exploits dans l'Espagne, soutenant le parti d'Henry, fils naturel d'Alphonse de Castille, contre Pierre le Cruel, roi de Castille, qui était un apostat, et ennemi déclaré du nom chrétien par ses barbares impiétés. Il fut pris par les Français, et finit malheureusement sa vie, laissant la tête sur un échafaud ; et Henry fut mis sur le trône, et pour reconnaître les mérites de du Guesclin, le fit connétable de Castille. Charles V, avec le consentement des états, rompit le traité de Brétigny, fait avec l'Angleterre, dont le roi indigné entra en France avec son armée pour la ravager. Mais le connétable du Guesclin l'attaqua si à propos qu'il fut contraint de se retirer suivi des marques d'une honteuse déroute. Charles V, faisant réflexion sur les armes de France, des fleurs de lys sans nombre, fut inspiré de les réduire à trois, et prévoyant les mouvements dangereux qui peuvent arriver pendant la minorité des rois, voulut par son ordonnance de 1375, en abréger le temps, en fixant la majorité à 14 ans. On assure que ce Prince fut, par l'ordre du roi de Navarre, empoisonné d'un si malin poison qu'il n'y eut point de remède qui le put guérir. Enfin, après avoir déclaré le duc d'Anjou régent, les ducs de Berry et de Bourgogne, tuteurs de ses enfants, ayant mis ordre aux affaires de son royaume et de sa maison, il mourut en 1380, au château de Beauté, proche de Vincennes, âgé de 42 ans, en ayant régné 16.

> Ô couronne de France, que tu es précieuse et très vile tout à la fois ! Précieuse et inestimable et d'inestimable prix si l'on considère le mystère de justice qui en toi virtuellement est inclus et réside. Mais vile et plus vile que tout au monde, si l'on considère le fardeau, les fatigues, les angoisses, les tourments, les peines de cœur, de corps et de conscience dont tu accables ceux qui te portent, les périls d'âme où tu les exposes. Et qui bien se rendrait compte de ces choses te laisserait plutôt gésir dans la boue, qu'il ne te relèverait pour te mettre sur son chef.

Gabriel Boissy, qui rapporte ces propos, précise qu'on les tient de Christine de Pisan, grande poétesse de Lyon qui avait salué l'arrivée de Jeanne par son vers resté très célèbre : « L'an 1429, reprit à luire le soleil… » Il précise dans son livre : « Au moment de trépasser, Charles V se fit apporter la couronne royale, et, dominant ses souffrances, devant tous les siens, il parla en ces termes exemplaires. » Et comment, après avoir lu cette poignante adjuration, ne pas se rappeler le cri de Philippe le Bel mourant à son fils : « Pesez ces mots Louis : qu'est-ce qu'être un Roi de France ? »

Louis XV sur son lit d'agonie avait eu la même démarche en se levant pour recevoir la sainte Communion bien qu'on lui eût dit que dans son état il pouvait rester couché : « Comment ne me lèverais-je pas pour recevoir un si grand roi ? » Le même Louis XV rend un témoignage sur son aïeul Louis XIV quand il dit : « Le feu roi, mon bisaïeul, que je veux imiter autant qu'il me sera possible, m'a recommandé en mourant de prendre conseil en toute chose et de chercher à connaître le meilleur pour le suivre toujours. »

Ce souci du bon conseil est une constante chez ces gouvernants. On le trouve déjà exprimé dans le testament de saint Louis, quand il dit au futur Philippe III :

> Cher fils, aie avec toi compagnie de bonnes gens ou de religieux ou de séculiers, et évite la compagnie des mauvais, et aie volontiers avec les bons entretiens, et écoute volontiers parler de Dieu en sermon et privément, et procure-toi volontiers pardons.
> Aime le bien en autrui et hais le mal.
> Ne souffre pas que l'on dise devant toi paroles qui puissent tirer les gens au péché. N'écoute pas volontiers dire du mal d'autrui [...]
> Pour justice et droiture gardée, sois raide et loyal envers tes sujets sans tourner ni à droite ni à gauche mais toujours droit.

Ce souci de se bien entourer a parfois été comme organisé d'avance par la Providence, comme ce fut le cas de Charles VII que l'on a surnommé le Victorieux mais aussi le Bien-Servi. Charles VII en était comme confondu. C'est tout juste s'il ne demandait pas pardon pour toutes les grâces qu'il avait reçues. Il avait reçu d'abord l'éducation de sa belle-mère Yolande d'Aragon, qui le chérissait comme son fils. C'est elle qui l'avait protégé des menées de son père Charles VI le Fou et des manigances de sa mère, la dépravée Isabeau de Bavière. Il eut aussi le dévouement sans limite de sa femme, puis l'aide de Jeanne d'Arc, envoyée par le Ciel pour lui rendre Orléans, la vallée de la Loire et le faire sacrer à Reims. Il y eut encore Agnès Sorel, la plus belle femme de la chrétienté, qui le contraignit à être un vrai chevalier et à libérer le royaume dans son intégralité. Il y eut aussi

Jacques Cœur, le Grand Argentier, qui l'aida à remettre de l'ordre dans les finances du royaume.

À toutes et tous, Charles VII ne sut pas être intégralement fidèle mais, par leurs services, il sut rendre au royaume sa vraie place.

Louis XI, qui fut à son égard un fils rebelle, a poursuivi et agrandi son œuvre. Il laissa à son fils Charles VIII son *Rosier des guerres*, qui est comme un recueil de maximes où il reprend à sa manière ce qu'on trouve déjà dans le testament de saint Louis :

> Un roi est bon et noble, qui en son royaume ôte la mauvaise loi pour la bonne, et se garde de rompre la loi qui est profitable au peuple, car le peuple obéit toujours au bienfaisant.
> Un roi doit toujours user et faire par conseils, par bonne et mûre délibération ; car d'autant que sa puissance est plus grande, le temps est plus périlleux pour lui et pour son royaume, de suivre ses volontés sans conseil.
> Le roi doit penser à l'état de son peuple et le visiter aussi souvent qu'un bon jardinier fait de son jardin.
> [Et enfin, toujours à son fils :]
> Ne fais jamais rien que tu n'aies examiné en ta conscience, s'il est à faire selon Dieu et raison.

Plein d'un enthousiasme qui ne m'avait pas quitté depuis mes treize ans, je me fis donc cette nuit-là celui qui rapporte aux rois leurs pensées et leurs dits. Les souvenirs venaient en foule et je prenais conscience de la puissance de mon attachement à l'égard de ces hommes. La même ardeur qui me saisissait à la lecture de leurs hauts faits lorsque j'étais enfant continuait de brûler dans mon cœur de grand-père et, cette nuit-là, pour la première fois, il me semblait qu'elle poussait devant nos rois ses plus belles fleurs et ses plus beaux fruits. N'était-ce pas un privilège immense que d'avoir pu rester fidèle à ses premières amours ? N'était-ce pas une récompense insigne que de pouvoir exprimer à mes chers morts ma joie, ma gratitude… mon amour, en les laissant, à la lueur des torches, me sourire à leur tour dans la nuit ?

IV

Les songes ont leurs méandres, il ne faut pas les contrarier. J'étais arrivé seul dans la forêt, la forêt était devenue clairière, puis jardin. Zélie m'y avait rejoint comme si elle avait parcouru avec moi tout le chemin nocturne de ma vie et rien de tout cela ne me semblait étrange. Entre le crépuscule du soir et celui du matin, l'enfant et le vieillard, l'étudiant et l'avocat, l'époux et le père, l'homme d'amitié et le solitaire que j'avais été et étais encore conversait avec les rois de France. Le ciel avait rejoint la terre, plus rien ne pesait. Mes livres, mes chers livres eux-mêmes surgissaient dans ma main au moment où je les désirais.

Comme mes hôtes me voyaient avec dans les mains *Les pensées des rois de France* de Gabriel Boissy, Henri IV, le plus disert de ces rois, me dit en riant : « Mais vous l'avez votre livre ! Il vous suffit, dans cet ouvrage, de relire tous les propos qu'on nous prête ! » Je me permis alors de dire au grand roi qu'il avait souvent improvisé au cours de sa vie et que j'aurais voulu ne rien perdre de toutes ces paroles prononcées un jour au seuil d'une bataille ou devant des États généraux. Et comme il feignait la surprise, je citai sa proclamation au matin de la bataille d'Ivry :

> Mes compagnons ; si vous courez aujourd'hui ma fortune je cours aussi la vôtre ; je veux vaincre ou mourir. Voici votre roi. Gardez bien vos rangs je vous prie ; si la chaleur du combat vous le fait quitter, pensez aussitôt au ralliement ; c'est le gain de la bataille. Vous le ferez entre les arbres que vous voyez là-haut à ma droite. Si vous perdez vos enseignes, cornette ou guidon, ne perdez point de vue mon panache ; vous le trouverez toujours au chemin de l'honneur et de la victoire.

Cette spontanéité se retrouve aussi dans ses lettres, notamment lorsqu'il écrit au clergé qui s'est réuni en concile pour délibérer :

> Je vous veux maintenant dire un mot en père. Je suis offensé de la longueur de votre assemblée et du grand nombre de vos députés. L'on assemble ainsi un grand nombre de personnes quand on a envie de ne rien faire qui vaille… Vous mettez par vos longueurs les pauvres curés à la faim et au désespoir. Je me veux joindre avec eux et avec les gens de bien de votre compagnie, il est en bon nombre, et tous en voudront être, puisqu'il est question de gens de bien, pour faire donner ordre à la longueur du temps qu'il y a que vous êtes ici ; je serai le chassavant.

Il reconnut en souriant qu'il avait inventé pour l'occasion le mot de *chassavant* qui lui paraissait dire exactement ce qu'il voulait : à savoir presser ces docteurs en conciles d'arrêter leur délibération et de se mettre vraiment à l'apostolat et à l'évangélisation dont le royaume avait besoin.

Mais il me dit aussitôt :

— Cette nuit prête à la confidence, et il est vrai que j'ai manié le verbe avec passion. Mais n'oubliez pas : nous sommes d'abord les hommes du silence et de l'action, contrairement à vous, qui avez trop cru et croyez trop encore aux prestiges de la parole et du débat. Ce que je reproche aux évêques et aux théologiens de mon temps, on peut le reprocher à tous les acharnés du débat du vôtre. La politique est affaire de réflexion, de méditation et ensuite de décisions exécutées jusqu'au dernier détail.

Louis XIV attendit que son grand-père se fût tu, puis il me dit :

— Vous savez ce que j'ai écrit dans le testament que j'avais préparé pour mon fils. Vous savez aussi la douleur que j'éprouvai lorsque je perdis ce merveilleux Dauphin en qui j'avais placé toutes mes espérances. Il est mort avant moi, tout comme son propre fils. C'est donc Louis, quinzième du nom, qui reçut ce conseil en héritage : « Le métier de roi est noble et délicieux, car c'est, en un mot, mon fils, laisser agir la facilité du bon sens. »

Mais pour arriver à cette facilité du bon sens, il faut beaucoup d'efforts exercés dans le silence et la méditation, car l'esprit est plus prompt à la complication, à la fausse subtilité, à la prétendue habileté qu'à la facilité du bon sens. Quand j'étais enfant, et que mon âge ne me permettait pas de prendre des décisions de roi, je participais au Conseil comme auditeur silencieux. Sur les questions qui étaient débattues, j'essayais de trouver en moi-même la solution la plus simple et la plus sage. Ma joie était grande quand je m'apercevais que ce que j'avais résolu en mon for intérieur d'enfant était en fait ce qui avait été retenu par le Conseil après un examen approfondi. Mais je me gardais bien de dire quoi que ce soit. C'est dans ce travail silencieux, qui est une discipline des passions et de l'imagination, que j'ai appris à « laisser aller la facilité du bon sens ». C'est vous dire combien aujourd'hui tous ceux qui se préoccupent du sort du royaume de France ont la nécessité de rentrer en eux-mêmes pour essayer de voir ce que leur dit leur bon sens.

J'accueillais gravement ce que venait de nous dire le grand roi. Qu'aurais-je pu ajouter sinon que de telles pensées montraient l'unité et la continuité qui avaient prévalu pendant dix siècles au sommet de l'État ? C'était probablement un des grands enseignements que les rois voulaient nous laisser.

La Révolution et l'époque dite des Lumières n'ont rien changé à cette ligne de fond que l'on retrouve pour l'essentiel dans les pensées de Louis XVI, Louis XVIII, Charles X et Louis-Philippe. Avec les nuances du temps, c'est la même sagesse, le même bon sens, le même souci de l'équilibre et du juste milieu à l'intérieur du royaume. On voit cependant combien, à partir du grand ébranlement de la Révolution, se dissipe peu à peu cet accord spontané entre le peuple et le roi. Même si Louis XVI dit : « Rien ne me séparera de la Nation », il a été trop aisé de les séparer. On voit de même Charles X quitter le royaume sur un simple ébranlement politique, et Louis-Philippe lui-même, en 1848, s'en aller en disant : « Pire que Charles X ! »

Il s'est donc produit à ce moment-là une véritable révolution, au sens fort du terme, dont nous ne nous sommes pas remis et qui interdit de penser que l'on puisse aujourd'hui retrouver cette « facilité du bon sens » au sommet de l'État, comme le souhaitait Louis XIV. Les acteurs politiques sont obligés de composer avec le théâtre des affaires publiques et de se conduire en comédiens, recherchant toujours les applaudissements et ne pouvant durer sans ces applaudissements. Cette mise en scène permanente est renforcée aujourd'hui par l'omniprésence des moyens de communication qui permettent à chacun de croire qu'il en juge comme s'il jugeait une pièce qu'il était en train de regarder.

On trouve là une des raisons de ce qu'on peut appeler la « tragédie des prétendants », lorsque le parti royaliste vint à se diviser. Les royalistes se divisèrent entre « légitimistes », partisans de la branche Bourbon de la Couronne, et « orléanistes », partisans du comte de Paris. À ces deux courants royalistes s'ajoutait la frange bonapartiste, favorable au retour d'un empereur. Ces tendances, que l'on peut bien appeler factions, divisèrent ainsi en trois ce qui aurait dû être un. La division politique ne fut pas seule en cause, dans cette crise. Une distance se creusait entre les royalistes et l'Église. Le phénomène se cristallisa à la fin du XIXe siècle lorsque, choisissant de composer avec la nouvelle réalité politique européenne, le pape Léon XIII décida que l'Église devait se rallier au nouveau régime républicain.

On vit alors s'élaborer un système de démocratie religieuse qui prétendait trouver son fondement dans l'Évangile. De Lamennais (1782-1854) au progressisme chrétien actuel, il y a ainsi une continuité qui peut se résumer dans une formule populaire : « Si Jésus-Christ revenait aujourd'hui, il serait de gauche » – puisque c'est la gauche qui est du côté des pauvres et des exclus. Un tel raisonnement est partisan et caricatural : la gauche n'est ni plus ni moins philanthrope que la droite. Mais de telles affirmations créent une mauvaise conscience diffuse chez tous ceux qui ne sont pas de gauche, et tout particulièrement chez les hommes et les femmes de droite, dans la mesure où le socle de pensée de la droite est fondamentalement catholique.

L'école de pensée qui voulut, à la fin du XIXe siècle et dans la première moitié du XXe, assurer la continuité du recours au roi, se trouva en butte à cette pensée « démocrate et chrétienne » qui disqualifiait efficacement ses adversaires et les faisait souvent condamner judiciairement. Elle finit par l'emporter. Dès lors, les fondements intellectuels, on pourrait dire « la philosophie » qui avait présidé à l'avènement et à la croissance du royaume de France devenait une doctrine de parti... et d'un parti à la réputation fort compromise. Les prétendants devaient, d'un côté, rester fidèles aux derniers soutiens qu'ils avaient et, de l'autre, ne pas manquer à la sagesse capétienne résumée dans leur devise : « Tout ce qui est national est nôtre. »

V

Il me sembla que les rois, qui sont des hommes d'action avant d'être des hommes de discours, avaient résolu de ne plus parler. Mais Zélie ne l'entendait pas ainsi. Silencieuse depuis le commencement de ce colloque, elle n'en avait rien perdu. Aux regards qu'elle me jetait, à la vivacité de ses réactions, je devinais qu'elle souhaitait que vînt son tour d'intervenir dans la conversation. Je me tournai une fois encore vers les rois qui lurent dans mon regard et hochèrent aimablement la tête. Louis XVI, peut-être ému au souvenir de ses propres enfants, lui sourit avec une tendresse particulière. Encouragée par la bienveillance de ces pères de famille et surmontant sa timidité, elle prit alors la parole :

— Sires, beaux sires, mon cher grand-père a derrière lui une longue expérience. Bien des affaires lui sont passées entre les mains et sa culture est remarquable. Mais pour moi, je n'ai pas 20 ans. Mes parents peinent à comprendre le monde où je grandis. Tout est neuf, tout est rempli de promesses et en même temps, tout est inquiétant. Vous qui ne connaissez plus la peur, vous qui considérez tout depuis cette paix que je vous envie, quels conseils donneriez-vous à une jeune fille qui admire vos hauts faits mais veut vivre avec son époque ?

Tandis que le monde se défait sous nos yeux mais que nous continuons d'espérer, que me suggérez-vous ?

Sensibles à sa fraîcheur, naturellement saisis d'un respect plein de charme, les rois se tournèrent vers Zélie et lui adressèrent des saluts infiniment gracieux. Je vis qu'ils la considéraient non comme une petite fille mais comme une jeune femme, déjà, devant qui ils inclinaient courtoisement la tête. À chaque époque, nos rois étaient, pour tout leur royaume, la mesure même de la politesse et de la courtoisie. Les sourires qu'ils adressèrent à ma petite-fille m'enseignèrent davantage que bien des discours. Avec pudeur, ils saluaient en Zélie la femme, peut-être un jour l'épouse et la mère, en tous cas celle qui, en cet instant, méritait toute leur attention et toute leur présence. Il me sembla, cette nuit-là, qu'ils ne régnaient que pour elle et qu'ils eussent sans hésitation et avec le même sourire donné leur vie pour la sienne si le devoir l'eût commandé. Je regardai ma chère Zélie autrement.

Ce fut Hugues Capet qui le premier rompit le silence :

— Mon enfant, lui dit-il, vous connaissez sûrement cette phrase qui sonne presque comme un alexandrin : « Les quarante rois qui en mille ans firent la France. » Elle n'est pas complètement fausse, mais elle ne dit pas tout. D'abord, aucun d'entre nous ne se représentait qu'il « faisait la France » et, si on nous l'avait dit, cela nous eût bien fait rire. Nous n'avions pas de tels projets. La seule chose qui comptait pour nous était de réaliser, pour le temps où Dieu nous avait placés, ces espaces de paix, de justice et de sociabilité où les peuples peuvent s'épanouir. Il fallait donc qu'il y eût un peuple et, dans ce peuple, des hommes et des femmes qui aspiraient à réaliser ce pour quoi ils étaient sur terre. Un royaume ne tire pas sa substance d'un seul roi mais d'une multitude de rois. On dit souvent qu'en République tous les hommes sont égaux, mais que certains sont plus égaux que d'autres. Et de fait il est courant, dans une société qui se dit égalitaire, que certains de ceux qui ont conquis le gouvernement tirent avantage des plus faibles sous la pire des raisons : « l'égalité » factice au nom de laquelle ils les pressurent et les épuisent. Dans un royaume, tous les hommes sont rois et toutes les femmes sont reines. Un seul est un peu plus roi que les autres, mais pour garantir la royauté de tous les membres de son peuple. Par le roi, tous sont rois et tous règnent. Thérèse Martin, qui est devenue sainte Thérèse de l'Enfant-Jésus, avait raison d'appeler son père, Louis Martin, devenu saint Louis Martin, « Mon roi ». Louis Martin était vraiment roi chez lui, comme sa femme Zélie était reine dans la maison et dans leur entreprise. Si vous voulez que renaisse un royaume, il faut d'abord que vous soyez des rois afin que vous redeveniez un peuple et non une masse. Une masse est manipulée de l'extérieur, elle n'a pas de direction propre ni de volonté propre. Un peuple vit de sa vie propre, de ce qu'il est et de ce qu'il veut. Notre force à nous, les Capétiens, a été d'être en accord avec ce peuple. Mais si le peuple n'avait point existé, nous n'eussions pas existé non plus. Il faut que vous commenciez, chacun d'entre vous, à redevenir profondément roi ou reine. Et vous l'êtes d'abord pour vous-mêmes, en régnant sur vous.

Alcuin, ce compagnon de Charlemagne, moine anglais venu de York, avait eu la gloire de définir la personne humaine au Concile de Francfort en 740. Il l'avait fait à la demande de Charles le Grand qui était roi, mais pas encore l'empereur Charlemagne. Alcuin, trop modeste, ne voulut pas prendre la parole. Charles en fit un diacre pour qu'il eût le droit de parler dans l'assemblée et il lui donna l'ordre d'enseigner les évêques réunis en concile. Alcuin nous répéta ce qu'il leur avait dit :

— La personne humaine est une royauté. Elle a les attributs de la souveraineté parce qu'il lui a été donné de régner en souveraine sur ses appétits, ses sentiments, ses passions, les mouvements de son âme et de son corps. Cette personne est créée par Dieu à son image et à sa ressemblance. C'est pourquoi sa dignité est sacrée. C'est pourquoi la civilisation qui est la vôtre, et qu'on appelle chrétienne ou européenne, repose sur le caractère sacré de la personne humaine. C'est pourquoi il vous incombe de la respecter du premier moment de sa conception jusqu'à sa mort naturelle. C'est le seul fondement sûr de votre civilisation, mais ce fondement s'effrite s'il n'est pas respecté, à chaque génération, par les hommes et les femmes de cette civilisation. Si vous voulez rebâtir un royaume ou tout simplement une société où il fait bon vivre, il faut donc que vous commenciez par être rois et reines de vous-même et non plus esclaves des mouvements de masse ou des opinions préfabriquées. Car l'homme n'est pas seulement un animal social. Les fourmis, les termites, les abeilles, sont des animaux sociaux.

Mais l'homme est un animal sociable, c'est-à-dire qu'il prend plaisir à vivre avec les autres. Littré a écrit dans son dictionnaire que l'on est sociable par le cœur plus que par l'esprit. Cette sociabilité a toujours été la marque particulière de l'espace français. Si elle n'existait plus, la France cesserait d'être. La sociabilité ne se décrète pas, elle se vit. Le Royaume de France ne se décrète pas dans une Constitution. Il est ou il n'est pas. Il est, si un nombre suffisant de Français et de Françaises le portent et le font vivre.

— J'ajoute, dit Alcuin en regardant Zélie, qu'on a dit de la France qu'elle était une Nation-Femme. Ce n'était pas une erreur, car la sociabilité est une vertu spécifiquement féminine. Ce sont les reines et les princesses et toutes les femmes de France, qui sont toutes reines et princesses, qui ont porté en acte cette sociabilité et ont fait le royaume. Ce sont elles qui le referont.

Je regardais attentivement, pendant ce discours, Henri III et Henri IV qui avaient traversé des guerres de religion. Ils hochaient la tête car ils savaient qu'au fondement de ces guerres il y avait cette question du caractère sacré de la personne et de la liberté qu'elle possède.

— Ne commettez pas, dit Henri III, l'erreur que fit ma mère, la reine Catherine de Médicis, quand sur les conseils de son ministre Michel de l'Hospital, elle tentait une impossible conciliation en refusant de trancher entre la religion catholique et les religions protestantes. Ce jeu du relativisme, qui refuse de voir où est la vérité et où est l'erreur, s'est terminé dans le sang, la nuit de la Saint-Barthélemy, quand la foule de Paris, ultra-catholique, excitée par des prêtres ligueurs et fanatiques, assassina tout ce qu'il lui semblait être protestant. Les règlements de compte personnels eurent leur place dans cette nuit d'horreur, avec la folie sanguinaire de la foule. Ce drame eût été évité s'il avait été décidé, comme nous l'avons fait moi-même et mon successeur Henri IV, de maintenir que le Royaume de France était catholique mais que cette affirmation n'interdisait pas à ceux qui cherchaient une autre voie de vivre leur religion. C'est l'organisation de cette tolérance dans la vérité que je mis en œuvre dans mes édits et que paracheva le roi Henri IV dans son célèbre édit de Nantes. Nous avons ainsi réussi parce que nous avions d'abord affirmé la vérité pour ensuite organiser l'exception.

Charlemagne prit alors la parole et nous dit :

— Relisez bien la *Chanson de Roland.* Quand j'ai voulu travailler à la conversion de Bramimonde, la princesse sarrasine que j'emmenais captive, je n'ai pas imaginé que sa conversion se fasse par la violence ou la contrainte : « En douce France elle sera emmenée captive : le roi veut qu'elle se convertisse par amour. » Je lui ai donc fait donner un enseignement.

Clovis dit alors :

— Moi aussi, j'ai été enseigné et si j'ai demandé le baptême, ce n'est pas seulement pour répondre à mon vœu de la bataille de Tolbiac : « Dieu de Clotilde, si tu me donnes la victoire, je me ferai baptiser », mais parce que j'ai été enseigné par Remi et par Vaast, grands évêques et grands docteurs et que je suis allé au tombeau de saint Martin à Tours...

Henri IV se leva et nous dit :

— Je n'aurais jamais accepté d'abjurer la religion protestante et d'embrasser la religion catholique le couteau sous la gorge ou dans le seul espoir de conquérir Paris ou le royaume, mais c'est après un enseignement suivi attentivement et beaucoup de réflexions que, librement, j'ai pris ma décision.

Louis XIV, pourtant toujours altier, baissa les yeux et s'exprima la voix nouée :

— Une ombre plane sur l'histoire de mon règne et c'est celle de la révocation de l'Édit de Nantes. Lorsque

HENRY·3.e ROY DE FRANCE,
t de POLOGNE, Fils, d'henrÿ II.e Et de Cath.ne
e Medicis, Naq.t le 19.e 7.b 1551, Esleu Roy de Pologne
en 1573, et reuint prendre possessiō du Roy.me de frāce
par la mort de Charles IX. Son frere, en 1574 il fut Sacré a
Reÿms, il Espousa Louise de Lor- raine fille du Comte de Vaudemōt
en 1579 il Institua l'Ordre du S.t Esprit, les Guerres Ciuiles quy Auoient rauag.
Sous le Regne de Charles IX. ce ralumerēt le P.ce de Condé, Et le duc d'Alencon, rebelles
au Roÿ, Entrerent en france, Auec Vne Armée Estrangere, le duc de Guÿse, et ceux de sa maisō.
formerēt Vn 3.e party, Sous le tiltre de la S.te Vnion, les ligues des Catholiques, Et des huguenots, prirent
e.t Cōmencem.t en 1585, le Pape Sixte V.e Excōmunia le Roÿ de Nauarre, et le P.ce de Condé, les déclarans Inca-
pables de Succeder a la Couronne, de droit Acquis, par la mort du duc d'Alencon, Ces 2 p.ces firent ce qu'il peur.nt
pour Iustifier leurs pretentions, en 1587 le roÿ de Nauarre gaigna la bataille de Coutras, ou le duc de
Ioÿeuse, fut tué, mais le duc de Guÿse, gaigna Celle d'Auneau pres de Chartres, en 1588, ce duc fut Apres
receu a paris, Auec Acclamation du peuple, le Roy — Voyant ces Emotions populaires, en faueur des Guÿse,
Ialoux de Son Authorité, et ne ce Croy.nt pas en Seureté en la Ville de Paris, en Sortit en colere, resolu de la perdre, et
e duc, ce quy fit aux Estats de Blois, ou ce duc, et le Card.l son frere furent tuez, le duc de Nemours, ce tint à Paris, aupres du duc d'Aumalle,
quy y Cōmandoit, par Ordre des Seizes, le duc de Maÿenne, ce retira en bourgogne, Pend.t tout ces troubles, le duc de Sauoÿe S'empara du
Marq.sat de Saluces, Apres la mort des Guÿses, les meilleures Villes, ce remirēt à l'Obeissance du roÿ, quy Voul.t reduire Paris, la
Capitalle, vint auec le Roy de Nauarre l'Assieger, et Estant à S.t Cloud, Auec Son Armée, il fut tüé, d'Vn Coup de Cousteau, dans le
Ventre, par Vn Iacobin, nōmé Iacq.s Clement, le 1.er d'Aoust, 1589, Agé de 38 Ans, Ainsy finit la maison des Valois,.

A Paris Chez P. Bertrand, Rue S.t Iacques, a la pomme d'Or, proche S.t Seuerin,. Auec Priuil. du Roÿ.

HENRI 3e, ROY DE FRANCE et de Pologne, fils d'Henri II et de Catherine de Médicis, naquit le 19 septembre 1551. Élu roi de Pologne en 1573, il revint prendre possession du royaume de France, à la mort de Charles IX, son frère. En 1574, il fut sacré à Reims, il épousa Louise de Lorraine, fille du comte de Vaudémont ; en 1579, il institua l'Ordre du Saint-Esprit. Les guerres civiles qui avaient ravagé le règne de Charles IX se rallumèrent : le prince de Condé et le duc d'Alençon, rebelles au Roi, entrèrent en France avec une armée étrangère ; le duc de Guise et ceux de sa maison formèrent un troisième parti, sous le titre de la Sainte-Union ; les ligues des catholiques et des huguenots prirent leur commencement. En 1585, le pape Sixte Quint excommunia le roi de Navarre, et le prince de Condé, les déclarant incapables de succéder à la Couronne, selon le droit acquis par la mort du duc d'Alençon. Ces deux princes firent ce qu'ils purent pour justifier leurs prétentions. En 1587, le roi de Navarre gagna la bataille de Coutras, où le duc de Joyeuse fut tué, mais le duc de Guise gagna celle d'Auneau, près de Chartres. En 1588, ce duc fut reçu à Paris avec acclamation du peuple. Le roi, voyant ces émotions populaires en faveur des Guise, jaloux de son autorité, et ne se croyant pas en sûreté en la ville de Paris, en sortit en colère, résolu de la perdre, et le duc ; ce qu'il fit aux états de Blois, où ce duc et le cardinal son frère furent tués. Le duc de Nemours se tint à Paris auprès du duc d'Aumale, qui y commandait par ordre des Seize, le duc de Mayenne se retira en Bourgogne. Pendant tous ces troubles, le duc de Savoie s'empara du marquisat de Saluces. Après la mort des Guise, les meilleures villes se remirent à l'obéissance du Roi qui, voulant réduire Paris, la capitale, vint avec le roi de Navarre l'assiéger. Et, étant à Saint-Cloud avec son armée, il fut tué d'un coup de couteau dans le ventre par un Jacobin nommé Jacques Clément, le 1er août 1589, âgé de 38 ans. Ainsi finit la maison des Valois.

j'ai pris la décision d'annuler l'édit promulgué par mon grand-père Henri IV, je ne l'ai point fait pour obtenir par la force la conversion des derniers protestants français. J'ai été abusé par de mauvais conseillers qui m'affirmaient qu'il n'y avait plus de protestants en France. Les persécutions qui ont suivi cette révocation ont provoqué d'immenses malheurs dans le royaume. Elles ont entraîné l'exil de nombreuses et bonnes familles françaises en Allemagne, en Hollande, et jusqu'en Afrique du Sud où des villages prirent alors les noms de Bordeaux et La Rochelle, en hommage aux villes que les émigrés avaient été contraints de quitter. Cette décision a provoqué l'hémorragie de forces vives du royaume. Les violences et les exils étaient contraires à ce que j'avais voulu mettre en œuvre. Les plus grands théologiens nous enseignent que la force armée n'est pas un moyen de conversion. Et pourtant, il faut tenir que le relativisme en matière de religion est l'erreur la plus néfaste qui se puisse commettre. Dans ce domaine aussi, il faut savoir accepter la vérité et le bon sens, quoi qu'il en coûte.

Zélie avait donc provoqué une surabondance d'aveux chez ces rois pourtant si peu bavards. Cette question de la bonne entente et de la sociabilité entre gens de croyances différentes semblait être pour eux une grande préoccupation. Louis XVI rappela qu'avec l'abbé Grégoire, il avait offert aux Juifs le premier statut officiel qui leur eût été donné depuis le début de l'ère chrétienne. Jusqu'alors, et depuis des siècles, le sort des Juifs dépendait de la protection des papes et des rois. Les persécutions populaires étaient nombreuses et souvent tolérées par les souverains, sans qu'on ait pu trouver d'équilibre et de justice. Louis XVI fut le premier à concevoir pour les Juifs un statut plein et entier de citoyen, qui fut confirmé et solidifié par Napoléon Ier. Ces questions d'unité spirituelle étaient au cœur des préoccupations.

Je me permis à ce moment de faire observer que nous étions dans un régime de laïcité, et que dans ce régime de laïcité, toutes les religions étaient égales, une mesure ne pouvant être prise à l'encontre d'une seule de ces religions sans qu'elle ne se répercutât sur les autres.

Louis IX, dit le Saint, me regarda en souriant :

— L'inventeur de la laïcité politique, dit-il, c'est moi, comme l'a observé votre historien Jules Michelet. Il fallait un saint pour fonder cette laïcité. C'est moi qui ai mis en pratique la formule évangélique : « Rendez à César ce qui est à César, et à Dieu ce qui est à Dieu », en montrant qu'il y a une distinction, qui n'est pas une séparation ni une opposition, entre le spirituel et le temporel. J'ai voulu que le roi, qui est gardien du temporel, n'ait pas à subir dans ce domaine les empiétements du pouvoir spirituel. Si les puissances temporelles ont toujours tendance à vouloir mettre à leur service le pouvoir spirituel, la réciproque est plus vraie encore. Il n'y a pas que dans l'Islam que les chefs spirituels mettent le sabre au service de leur volonté de puissance. J'ai dû le rappeler fermement à de nombreux évêques et même au pape. Ma réputation de sainteté personnelle (il baissa les yeux) me permettait de le faire. Mon petit-fils Philippe le Bel a maintenu cette ligne mais avec moins de modération. Ce fut une orientation constante de ce qu'on a appelé notre « politique religieuse » : respect de l'Église de Rome et soutien sans faille de son unité, mais liberté au pouvoir temporel d'organiser son royaume comme il l'entendait. C'est dans cette juste distinction que réside l'équilibre des pouvoirs et l'harmonie d'une société. Sans cette distinction, les pouvoirs deviennent totalitaires, comme ils sont en train de le devenir chez vous. Dans ce domaine, la République française n'est pas l'héritière du Royaume de France. Il vous faut travailler à la corriger.

Ce travail est long et difficile. Ainsi, aujourd'hui, beaucoup de charges reposent sur le simple citoyen, qui en était dispensé au temps des rois. Devenu citoyen-roi, il est tenu de travailler au bien commun en plus des travaux que lui impose le bien particulier de sa famille. C'est comme une pénitence supplémentaire. On peut remarquer que dans le message de Notre-Dame à Fatima, la pénitence dont parle la reine des Cieux est la récitation du chapelet et l'accomplissement du devoir d'état.

Louis XIV prit la parole et nous dit :

— Ce travail est votre devoir d'état. Si vous l'accomplissez vraiment, il vous gardera de la folie du recours à « l'homme providentiel ». Depuis la chute de la royauté, vous ne rêvez que d'hommes providentiels. L'homme providentiel est une paresse et dans notre histoire, nous n'en avons jamais vraiment connu.

Charles VII prit alors la parole et dit :

— Y a-t-il eu un homme providentiel aussi grand que Jeanne d'Arc ? Mais Jeanne d'Arc n'a pas pris le pouvoir. Elle n'a pas non plus nommé un chevalier plus brillant que le roi – et Dieu sait qu'il y en avait. Elle s'est contentée de me faire sacrer à Reims et s'est ensuite inclinée devant ma volonté, même quand elle savait que je me trompais – notamment, quand j'ai fait lever le siège de Paris. Elle a rétabli l'ordre en rendant au roi sa confiance en lui-même et aux peuples la confiance dans le roi. Tel fut le résultat du sacre de Reims. Dans la situation où vous êtes, c'est à chacun de vous de porter le royaume comme Jeanne le porta.

Quant au Prince, ne vous inquiétez pas ; il est ou il n'est pas. S'il n'est pas, ce n'est pas vous qui l'inventerez. Mais s'il est, vous le reconnaîtrez. Pour l'instant, il chemine avec vous, caché dans le Royaume de France, ce qui est déjà une grande chance pour vous, car au temps de vos pères, il était en exil. C'était, comme l'écrivait Jean Raspail, *le Roi au-delà de la mer*. Un jour, je ne sais quand, vous le reconnaîtrez comme une évidence. Ne pensez pas que son retour produira une révolution. La révolution est dure et sanglante. Le retour du Roi sera doux et pacificateur. Il ne viendra pas pour creuser des fossés de sang mais pour soigner les blessures et recoudre ce qui a été déchiré. Ne vous laissez pas aller au rêve romantique et révolutionnaire du grand soir catastrophique qui doit précéder le petit matin lumineux. Ce rêve des « lendemains qui chantent » est une invention mensongère de Karl Marx et de Lénine. Vous l'avez bien vu en Russie et en Chine, parfois même en France. Le retour du Roi ne se fera pas ainsi ; vous le reconnaîtrez à la paix, à la douceur et au sourire du printemps. Vous ne pourrez pas le fabriquer mais vous pourrez, par vos efforts, hâter sa venue. Le retour du Roi adviendra comme le couronnement de vos efforts et comme le commencement d'une prospérité nouvelle. Voilà votre vraie bonne nouvelle politique, qui ne se produira pas sans le mérite de votre travail et de votre persévérance.

Charles VII se rassit et Louis XVI lui succéda. Il regardait Zélie et, à travers elle, il me sembla qu'il contemplait toute sa génération :

CHARLES.VII, ROY de FRANCE

Fils de Charles, 6, et d'Isabeau de Bauierre, quy fut [...]ey d'Esnaturée, qu'elle Obligea Son Mary, a Exclure leur fils Charle de la Couronne pour la donner à Son Gendre le Roy d'Angleterre, Occasion quy fit retirer a Bourges, le p.ce dauphin, Apres la mort de Charles, 6.e et du Roy d'Angletere Arriuée en mesme Année de 1422, Charles, 7.e trouua tous les p.ces liguez contre luy, et pend.t 6, Années de Guerres ses Armées furent d'Esfaittes il perdit beaucoup de Villes, et Ses Ennemis, Vinrent cy Insolens, et Superbes, quils le Nomerent par mocqueries, le Petit Roy de Bourges, ils Vinrent Assieger Orleans, en 1429, Mais la Prouidence Diuine, Enuoya au Secours de Charles, Vne Ieune Pucelle, nommée Ieanne d'Arc, quy fut Surnommée la Pucelle d'Orleans, quy Attaqua les Anglois, cy rudem.t a la teste de la Caualerie, quy furent Côtraints de leuer le Siege, ensuitte les Chassa des Autres Villes de france, Elle Estoit Secondée du Vaillant Comte de Dunois, Apres cette Glorieuse Action, cette S.te Amazonne Conduisit le Roy, a Reyms, ou il fut Sacre, l'Année 1430, Elle fut prise das Vne Sortie de Côpiegne, par les bourguignons, quy la liurerent aux Anglois, quy po. S'en Venger, la firent brusler Viue a Rouen, en 1431, les Affaires des Anglois, Allerent des lors de mal, en pis, le Roy Charles, 7.e fut receu Auec Acclamãon, a Paris, il reprit Chartres, Rouën, et toutte la Normandie, Recouura Bordeaux, et la Guienne, et Enfin tout Son Royaume, les Anglois, en Ayant Esté Entierement Chassez d'Esfaits et leur Chef Talbot tué, quy S'estoit Emparé de la Guienne, il ne peurentce reseruer q.e Calais, en france, que Ses Vsurpateurs ont Affligée l'Espace de 38 Ans, Ce Prince auoit Espousé Marie d'Anjou fille de Louys II Roy de Naples, Enfin ce Roy, Soubçonnant qu'on Vouloit l'Empoisoner, ne Voulut pl.s manger, il mourut, en 1461, Agé de 59 Ans,

A Paris, Chez P. Bertrand, Rue S.t Iacques, à la pomme d'Or, proche S.t Seuerin, Auec Priuil. du Roy.

CHARLES VII, ROI de FRANCE. Fils de Charles VI et d'Isabeau de Bavière, qui fut si dénaturée qu'elle obligea son mari à exclure leur fils Charles de la Couronne pour la donner à son gendre le roi d'Angleterre, occasion qui fit retirer à Bourges le Prince Dauphin, après la mort de Charles VI et du roi d'Angleterre, arrivée en la même année 1422. Charles VII trouva tous les princes ligués contre lui, et pendant six années de guerre, ses armées furent défaites. Il perdit beaucoup de villes et ses ennemis devinrent si insolents et superbes, qu'ils le nommèrent par moqueries le Petit Roi de Bourges. Ils vinrent assiéger Orléans en 1429, mais la Providence Divine envoya au secours de Charles une jeune Pucelle, nommée Jeanne d'Arc, qui fut surnommée la Pucelle d'Orléans, qui attaqua les Anglais si rudement, à la teste de la cavalerie, qu'ils furent contraints de lever le siège ; ensuite elle les chassa des autres villes de France. Elle était secondée du vaillant comte de Dunois. Après cette glorieuse action, cette sainte amazone conduisit le Roi à Reims, où il fut sacré l'année 1430. Elle fut prise dans une sortie de Compiègne par les Bourguignons, qui la livrèrent aux Anglais, qui pour s'en venger la firent brûler vive à Rouen en 1431. Les affaires des Anglais allèrent dès lors de mal en pis : le roi Charles VII fut reçu avec acclamation à Paris, il reprit Chartres, Rouen et toute la Normandie, recouvra Bordeaux et la Guyenne, et enfin tout son royaume, les Anglais en ayant été entièrement chassés, défaits, et leur chef Talbot, tué, qui s'était emparé de la Guyenne. Ils ne purent se réserver que Calais, en France, que ces usurpateurs ont affligé l'espace de 38 ans. Ce prince avait épousé Marie d'Anjou, fille de Louis II, roi de Naples. Enfin, le Roi, soupçonnant qu'on voulait l'empoisonner ne voulut plus manger. Il mourut en 1461, âgé de 59 ans.

— Vous avez une grande tâche politique à mener, celle que ni moi ni les révolutionnaires, ni Napoléon, ni tous ceux qui se sont succédé jusqu'à présent n'ont réussi à accomplir. Il s'agit de concilier la présence d'une autorité forte et continue au sommet de l'État et d'une vraie représentation du peuple devant cette autorité. Aujourd'hui, la continuité fait défaut dans l'État, et le peuple se sent abandonné ou incompris de ceux que l'on appelle les élites politiques. Ce divorce et cette mésentente sont catastrophiques. Ils engendrent les manifestations et la violence, le mépris du bien commun et le repli de chacun sur ses préoccupations particulières. Il n'y a plus vraiment de sociabilité en France, chaque communauté cultivant son identité propre comme un communautarisme. Si nous autres, Capétiens, avons respecté les particularités de droit, de coutumes, et même de langues dans nos provinces, nous avons sans cesse travaillé à l'unité qui pouvait se faire entre les riches propriétaires des plaines du Nord et de la Beauce et les agriculteurs du Causse ou du Quercy. Ils n'avaient ni la même langue ni le même style de vie, mais ils pouvaient se trouver réunis dans un même royaume. Il arriva cependant un moment où la représentation de ces forces et de ces intérêts, de ces aspirations et de ces désirs, ne trouva plus d'écho lors de la réunion des États généraux. Au lieu de représenter la France, ces assemblées devinrent des réunions d'idéologues où manœuvraient des groupes de pression au service des ambitions de classes et de castes.

Vous n'êtes pas débarrassés, dans vos assemblées, de la présence de ces groupes de pression et de ces idéologues. Leurs luttes font disparaître l'intérêt général et il n'y a pas, au sommet de l'État, une institution capable de se consacrer à ce seul intérêt. Le pouvoir central ne fait qu'essayer de répondre aux cris de la foule, sans d'ailleurs réussir à la satisfaire. C'est donc à une recomposition politique complète que vous aurez à procéder. Nous n'avons pas su discerner, dans « le grand mouvement de 89 », les nécessités des temps. Telle sera votre tâche. Il vous faudra tirer les leçons du temps et faire travailler votre imagination en fonction des circonstances. Mais en aucun cas, vous ne devrez oublier cette règle imprescriptible : il faut au sommet de l'État une autorité continue et indépendante des partis. Mon ancêtre Louis XIV disait : « Le roi est pour le Tout, et non pas pour une partie. » Une telle institution, vous l'aurez de manière stable dans le prince héréditaire. Mais les institutions qui sont à inventer ou à développer sont celles de la représentation des forces vives de la Nation : les familles, les métiers, les communes, les pays, les régions. C'est la connaissance de votre histoire et de votre géographie qui vous fournira les clés de votre mission. C'est pourquoi il faut que vous travailliez à connaître l'histoire et la géographie de la France, non seulement par les livres mais en la visitant, en la parcourant, en la rencontrant et en la faisant connaître aux Français. Il y a un slogan qui dit qu'il faut rendre la France aux Français. Je dirais plutôt qu'il faut rendre les Français à la France. Un écrivain du XXe siècle, Simone Weil, a écrit : « De remède, il n'y en a qu'un, c'est de donner quelque chose à aimer et de donner d'abord aux Français à aimer la France. » Pour aimer, il faut connaître. Vous serez donc les apôtres de la France auprès des Français. Je pense que c'est là la vocation de votre génération.

Louis XVI continua :

— Savez-vous que l'un de vos grands anciens, Pierre-Antoine Berryer, avait proposé de m'édifier une statue

Louis XVI, né le 23 août 1754 à Versailles, fut le dernier roi de France de la dynastie des Bourbons. Il succéda à son grand-père, Louis XV, en 1774, à l'âge de 20 ans. Connu pour sa nature bienveillante mais réservée, Louis XVI était un monarque dévoué à son peuple et à la stabilité de son royaume.

Dès le début de son règne, Louis XVI s'efforça de mettre en œuvre des réformes nécessaires pour répondre aux besoins de la population. Il encouragea le progrès scientifique et technologique, favorisant ainsi le développement économique du pays. Il finança l'expédition navale de La Pérouse qui reste un modèle de l'exploration scientifique moderne. Sa passion pour l'horlogerie et la mécanique, souvent caricaturée, témoigne en réalité de son vif intérêt pour l'innovation technologique de son époque.

Malheureusement, le règne de Louis XVI fut marqué par des défis politiques et économiques presque insurmontables. Il dut affronter une situation de crise avec une hausse dramatique de la dette nationale et les tensions sociales qui en découlèrent. Peu entouré, méprisé par une partie de la noblesse et de sa propre famille, il dut faire face à des crises inédites dans l'histoire du royaume. Soutenu par sa femme, la reine Marie-Antoinette, il s'efforça d'y apporter les solutions mais ne put résister à la vindicte des intellectuels des Lumières pour qui il symbolisait le monde ancien qu'il fallait mettre à terre pour créer une humanité nouvelle.

Son soutien indéfectible à l'idéal monarchique traditionnel et sa réticence à accepter les changements radicaux conduisirent à des incompréhensions tragiques. Louis XVI fut emprisonné pendant la Révolution française et jugé coupable de trahison en 1792. Le 21 janvier 1793, il fut exécuté sur la place de la Révolution à Paris. Il eut la douleur de laisser sa femme emprisonnée et de savoir ses deux enfants menacés par la fureur révolutionnaire.

En dépit des circonstances tragiques, Louis XVI reste dans les mémoires comme un roi bienveillant et instruit, cherchant le bien de son peuple. Son testament, écrit en prison, témoigne de sa grandeur d'âme face à la mort, de sa foi, de son souci de l'unité de la France et du désir qu'il eut, jusqu'au bout, de pardonner à ses bourreaux et d'éviter d'être l'occasion d'une effusion de sang. La violence de la Révolution n'a pu ternir cette image dans le cœur de ceux qui aiment la France.

sur le socle de laquelle serait inscrite cette formule: «À Louis XVI, restaurateur des libertés françaises.» J'étais très attaché à la Liberté et aux libertés et je pense que mon successeur Louis XVIII aurait dû faire une véritable charte des Libertés publiques. Louis-Philippe était le mieux placé pour le faire mais il n'en a pas eu le loisir.

Je regardais Louis-Philippe. Il approuvait de la tête. Je demandais ce qu'ils auraient inscrit dans cette charte et ce que nous pourrions y inscrire aujourd'hui. Ils me répondirent en chœur:

— D'abord, bien sûr, la liberté religieuse qui est la vraie liberté de conscience, c'est-à-dire la liberté de suivre sa conscience, de lui obéir. Cela n'exclut pas de dire que la France est un royaume chrétien et même catholique. Cela a même beaucoup de sens, puisque aujourd'hui l'Église catholique est la seule institution au monde à proclamer et défendre la liberté de conscience. Ensuite, la liberté des familles, ce qui inclut la liberté scolaire, que vous avez oubliée depuis Napoléon Ier. Quand Napoléon Ier voulut rassembler dans l'État une seule instruction publique, son ministre de l'Instruction, Chaptal, lui fit observer qu'il n'était pas bon que toute l'éducation fût réunie dans les mêmes mains. Mais Napoléon était autoritaire et se rappelait trop la Révolution pour ne pas vouloir tout contrôler. Il faut faire confiance à la liberté. Tous les pays du monde qui l'ont respectée dans le domaine de l'éducation s'en sont bien portés. C'est un comble et une absurdité que la France, pays de la liberté, qui a mis ce mot au fronton de tous les édifices publics, donne un exemple contraire en interdisant la liberté d'enseignement.

Zélie, qui connaissait par expérience les méthodes pédagogiques contemporaines, demanda à son tour :

— Mais qu'est-ce qui donne l'autorité pour enseigner ?

Louis XVI répondit, approuvé par les autres :

— Possède le droit d'enseigner celui qui sait. Les diplômes ne sont que la reconnaissance officielle de ce savoir et c'est l'existence première de ce savoir qui fonde le droit d'enseigner. Pour que l'enseignement soit d'une qualité suffisante, il suffit d'un bon corps d'inspecteurs qui vérifie la qualité de cet enseignement dispensé librement dans les familles et dans les écoles. De toutes les façons, la réputation d'un enseignant se fait vite. On a su très vite dans l'histoire que, pour bien apprendre la médecine, il fallait aller à Montpellier, que pour être un bon juriste, il fallait aller à Bologne, et que pour être un bon philosophe ou un bon théologien, il fallait aller à Paris. Mais la même histoire nous dit que lorsque ces grandes spécialités ont commencé à devenir des monopoles, comme ce fut le cas avec la Sorbonne, le roi suscita des institutions concurrentes pour préserver la liberté d'enseignement. Tel fut le cas de François Ier, mon aïeul Henri II l'a rappelé, avec le Collège royal, qui est devenu le Collège de France. Sans lui, nous n'aurions pas eu Ronsard et la Pléiade. De la même façon, Louis XIV protégea Molière et Racine, comme Louis XIII avait protégé Corneille, et comme j'ai moi-même toléré et protégé les encyclopédistes, ce qui m'a coûté cher.

Il ne faut pas craindre la liberté. Il faut redouter les fanatiques qui, au nom de la Liberté, suppriment les libertés. On les reconnaît vite à leurs fruits. Je ne l'ai pas vu assez vite chez les encyclopédistes, dont le défaut était de vouloir étouffer tout ce qui n'était pas eux-mêmes. Ils vérifiaient la formule déjà citée : « La littérature ajoute à la férocité naturelle de l'homme. » Le roi doit veiller à éviter ce genre de débordement, rien n'étant plus totalitaire que les idéologues.

Louis-Philippe Ier reprit :

— N'attendez pas de nous une idéologie de la royauté. Nous n'avons été que des praticiens, des hommes de l'aujourd'hui, de la réalisation ici et maintenant. Ce fut notre honneur et le bienfait que nous avons rendu aux peuples. Un jour, peut-être, quelque philosophe fera-t-il la théorie de cette action. Nous n'en avons fait que la pratique. Si je regarde toutes les théories des XIXe et XXe siècles, et les drames qu'elles ont apporté au monde, à commencer par la théorie de la démocratie universelle, je considère que notre humilité de praticien était un véritable bienfait et qu'elle peut vous être d'un grand enseignement. Cette leçon ne vaut pas seulement pour les Français mais à l'échelle de l'univers, car dans la politique étrangère et la diplomatie nous ne cherchions alors qu'un équilibre des forces qui puisse favoriser la paix. Alors qu'aujourd'hui on assiste à un choc des idéologies ou des religions, ce qui, malheureusement, engendre fatalement la guerre.

Ainsi, c'est à un vrai réalisme que nous vous invitons. Chaque roi de la tradition capétienne, quand il est arrivé à sa majorité et qu'il a pris en main la destinée du royaume, a eu le soin de faire établir par des gens compétents un état du royaume et des pays avoisinants pour pouvoir concrètement discerner ce qu'il fallait faire. Vous êtes appelés à cette tâche qui doit remplacer les idées préconçues. Il est indispensable que vous appreniez à considérer les idéologies pour ce qu'elles sont : le rêve de quelques penseurs en chambre noircissant du papier pour se faire une réputation ou rêvant d'une puissance qu'ils n'ont pas. Défiez-vous de ces mauvais maîtres qui ne pensent qu'à enrôler la jeunesse en la berçant de compliments et d'illusions. Je crois que notre exemple fut plus fécond. En tout cas, on ne pourra pas nous reprocher les grands crimes de votre monde : les guerres mondiales, les déportations de populations, les génocides, les révolutions et leurs cortèges de massacres. Quand nous avons fait la guerre, c'est qu'elle était une ultime nécessité, et nous avons toujours voulu la limiter dans le temps et dans l'espace.

Louis XV à ce moment rappela la phrase qu'il avait fait dire à ses officiers et à ses soldats : « N'oubliez pas que le sang de nos ennemis est aussi le sang des hommes. » C'est une formule qu'il serait bon de faire apprendre aujourd'hui à toutes les armées du monde.

Louis XIII dit alors :

— Mon ministre Jean-Armand Duplessis, cardinal de Richelieu, que par affection j'appelais mon cousin, avait coutume de dire qu'il était de notre devoir à nous les rois, responsables des affaires publiques, de prévoir de loin les orages qui pouvaient s'abattre sur le royaume dont nous avions la garde et de travailler à les dissiper. C'est ce que devrait faire aujourd'hui le corps diplomatique pour le compte du président de la République dont la Constitution de 1958 dit que la politique étrangère est son domaine réservé. Je ne vois rien dans vos institutions et vos pratiques qui ressemble à ce souci de Richelieu, et cela me fait augurer très mal de l'avenir

LOVIS, 13e du Nom ROY de FRANCE
et de Nauarre & Fils de Henry 4e et de Marie
de Medicis, Nacquit le 27e 7bre 1601, a Fontainebleau
et Succeda à la Couronne en 1610, et en la mesme Année
fut Sacré à Reyms, il Espousa en 1615. Anne d'Austriche, fille
de Philippe 3e Roy d'Espagne, &c. Ce Prince Estoit fort pieux, Iuste,
Chaste, Ciuil, Courageux, Resolu, et pour Suiure ses mouuemens de pieté
et de Iustice, il alla luy mesme Executer, l'Edit du 25e Iuin 1617, por la restitution des
biens des Ecclesiastiques, et le retablisement de la Religion Catholique dans le Bearn, ou il
reussit, et il reunit la principauté de Bearn auec la basse Nauarre a la Couronne, il reduisit
les heretiques, et tout le party huguenot, et forca la Rochelle leur plus forte retraitte, en 1628,
et touttes leurs autres places, Malgré touttes leurs fortes resistances, il estoit Assisté des
Conseils du Grand Cardinal de Richelieu, il dompta et Extermina touttes les factions, et les
Rebellions de son Royaume; puis Secourut l'Italie et retablit le duc de Mantoüe, Conquit la Loraine,
l'Alsace, l'Artois, et le Roussillon; il Soutint et remit Sur le trosne en 1640, Iean, 4e du Nom Roy de Portugal
malgré tous les Esforts, de la Maison d'Autriche; Enfin ce Grand Monarque, Couronné de tous ces Illustres
trauaux au retour de la Prise de Perpignan, tomba maladé et mourut à St Germain, en l'Aye, le 14e de May,
1643, Agé de 42, Ans, en ayant Regné 33, &c.,

A Paris Chez L'armessin Rue St Iacques a la pomme d'Or, proche St Seuerin. — Auec Priuil. du Roy.

LOUIS, 13e du Nom, ROI de FRANCE et de Navarre, fils de Henri IV et de Marie de Médicis, naquit le 27 septembre 1601 à Fontainebleau et succéda à la Couronne en 1610 ; et en la même année fut sacré à Reims. Il épousa, en 1615, Anne d'Autriche, fille de Philippe III, roi d'Espagne, etc. Ce prince était fort pieux, juste, chaste, civil, courageux, résolu ; et pour suivre ses mouvements de piété et de justice, il alla lui-même exécuter l'édit du 25 juin 1617 pour la restitution des biens des ecclésiastiques et le rétablissement de la religion catholique dans le Béarn, où il réussit. Il réunit la principauté de Béarn avec la Basse-Navarre à la Couronne, il réduisit les hérétiques et tout le parti huguenot, et força la Rochelle, leur plus forte retraite, en 1628, et toutes leurs autres places, malgré toutes leurs fortes résis tances. Il était assisté des conseils du grand cardinal de Richelieu. Il dompta et extermina toutes les factions et les rébellions de son royaume, puis il secourut l'Italie et rétablit le duc de Mantoue, conquit la Lorraine, l'Alsace, l'Artois et le Roussillon ; il soutint et remit sur le trône, en 1640, Jean, 4e du nom, roi de Portugal, malgré tous les efforts de la Maison d'Autriche ; enfin, ce grand monarque, couronné de tous ces illustres travaux, au retour de la prise de Perpignan, tomba malade et mourut à Saint-Germain-en-Laye, le 14 mai 1643, âgé de 42 ans, en ayant régné 33, etc.

non seulement pour la France mais aussi pour l'Europe et le monde. Dans ce domaine, les ressorts sentimentaux ou idéologiques ne doivent être d'aucune importance. Seules comptent la paix et la justice. Nous n'avons surtout pas à nous ériger en juges de situations que nous ne connaissons pas dans toutes leurs dimensions ni à décider, au nom d'*a priori* non vérifiés, qui sera le bon et qui sera le méchant. Le réalisme s'impose. Lui seul dispose à la paix.

En fait, c'est toute une éducation qui est nécessaire aux dirigeants. Nous autres rois, nous avions cette éducation par transmission familiale et certains hommes, comme Richelieu, en avaient une intuition extraordinaire. L'un de vos ambassadeurs au XXe siècle, Monsieur Léon Noël, disait que tous les étudiants de sciences politiques devraient méditer le testament de Richelieu. C'est un recueil de sagesse politique intérieure et extérieure que l'on doit à un praticien qui, de surcroît, écrivait un excellent français. Richelieu a été le protecteur de l'Académie française naissante comme il l'a été des auteurs dramatiques et des acteurs de théâtre qu'il a arrachés à l'excommunication. Il voulait que les pièces de théâtres, comédies et tragédies, pussent être regardées sans gêne par une honnête femme. Ce fut le critère qui permit aux comédiens et aux auteurs qui le respectaient de tenir le devant de la scène. Ces contraintes ont été salutaires puisqu'elles ont permis l'essor de Corneille, de Racine et de Molière. Il faut dire qu'elles étaient dans l'esprit du temps, un esprit qui régnait à la Cour et dans les salons. Quand Richelieu fut informé de l'existence à Paris d'une réunion de jeunes gens qui, entre eux, jugeaient de la qualité des auteurs et des ouvrages qui paraissaient, il leur fit savoir que leur projet l'intéressait beaucoup et qu'il était tout prêt à donner une valeur institutionnelle à leur initiative. La première réaction de ces jeunes gens fut de refuser en disant qu'ils tenaient à leur indépendance et ne voulaient entrer dans rien d'officiel. Mais l'un d'eux leur fit observer qu'il n'était pas très prudent de refuser une proposition du Cardinal, lequel n'était pas homme à accepter facilement que l'on repoussât ses avances. Ils acceptèrent donc son offre. Richelieu leur fit alors savoir qu'ils n'avaient qu'à se donner eux-mêmes leurs propres statuts et qu'il se bornerait à entériner leurs volontés. Cette attitude libérale contraste avec celle de Napoléon Ier qui, lorsqu'il rétablit l'Académie Française que la Révolution avait détruite, imposa les statuts qu'il avait lui-même rédigés sans laisser la moindre possibilité de discussion. La vraie protection des libertés littéraires et artistiques, celle que Richelieu mit en pratique, ressemble à celles de François Ier et d'Henri II, comme à celle de toute la tradition capétienne.

Charles V intervint alors. Il était le premier prétendant à la couronne à avoir porté le titre de Dauphin – le Dauphiné lui étant échu comme fils aîné. Son propos s'adressait surtout à Louis XVI :

— J'ai connu, dit-il, une situation politique semblable à celle qui fut la vôtre en 1789. Mon père, le roi Jean le Bon, était prisonnier des Anglais après la défaite de Poitiers. Encore Dauphin, j'ai dû faire face aux ambitions d'autres branches de la Maison royale qui prétendaient à la place de mon père. Je dus affronter en particulier le Roi de Navarre, qu'on appelait Charles le Mauvais. Je me heurtai également à la volonté « démocratique » d'Étienne Marcel, le prévôt des marchands de Paris (l'équivalent alors du maire de Paris aujourd'hui) qui voulait prendre la tête d'un grand mouvement des communes pour imposer, à la faveur de l'absence du roi mon père, un nouvel ordre politique qui eût été une forme de démocratie couronnée par un roi. Charles le Mauvais se préparait à être ce monarque élu. Je vois dans cette situation des ressemblances très troublantes avec la Commune de Paris et le rôle qu'y tint le duc d'Orléans devenu Philippe-Égalité. Je n'ai pu me sortir de ces difficultés que par une patience et une habileté politique qu'il ne vous a pas été donné de mettre en œuvre. Par-dessus tout, je constate qu'il y a dans votre histoire un phénomène que je n'ai pas connu et qui me semble dominer : ce phénomène, c'est la Révolution. Avec elle, tout l'art politique ancien a été frappé de désuétude.

Zélie n'écoutait plus. Depuis quelque temps, ces considérations politiques la lassaient. Elle avait obtenu une brève réponse à ses interrogations sur les reines mais, pour elle, le sujet n'était pas clos. Elle intervint donc de nouveau pour demander, cette fois, qu'on lui parlât des favorites. N'avaient-elles pas, bien qu'illégitimes aux yeux du droit, exercé une profonde influence sur les souverains ? Elle refusait que l'on s'en tienne à ces quelques remarques. Ce fut Louis XIV qui lui répondit :

— J'ai écrit dans les *Mémoires* pour mon fils que nous autres rois devions être des modèles de comportement, car rien de ce que nous faisons ne reste privé. Nos actes nous suivent, non seulement dans la mémoire de nos proches mais dans l'histoire universelle. Je dois reconnaître que sur le plan matrimonial, comme beaucoup de mes prédécesseurs, je n'ai pas appliqué cette recommandation. Mais comme je l'ai écrit à mon fils, je puis assurer que mes débordements extraconjugaux n'ont pas influé sur ma politique. Nous étions très sensibles au charme féminin et les dames le savaient, qui pouvaient ainsi espérer tirer profit des charmes qu'elles nous prodiguaient.

Louis XIV se tut et parut se raviser :

— La seule, poursuivit-il, dont je puis dire qu'elle ait exercé une influence sur l'État a été Madame de Maintenon. Elle n'était pas ma maîtresse mais mon épouse et elle n'usa pas de son charme pour obtenir des faveurs. Elle m'impressionnait par sa fermeté au point que je l'appelais « Votre Solidité ». À la réflexion, j'aurais peut-être mieux fait de ne pas l'écouter lorsqu'elle me pressait de révoquer l'édit de Nantes. Mais elle n'était pas la seule à me pousser dans cette voie. De toutes les façons, d'où que viennent les conseils, c'est toujours le roi qui est responsable en dernière analyse, car c'est lui qui prend la décision.

Même aux temps les plus désordonnés de ma vie sentimentale, je n'ai pas abandonné la pratique religieuse, ni les affaires de l'État, et j'ai manifesté le plus grand respect pour mon épouse. Il faut dire à notre décharge qu'à l'époque la moyenne d'âge à la Cour était de 20 ans, que nous étions à la guerre, à la chasse, au théâtre et aux réceptions et que, volant de victoires en victoires, et de triomphes en triomphes (Boileau écrivait : « Grand roi cesse de vaincre ou je cesse d'écrire ! »), nous étions un peu enivrés de cette gloire, ce qui nous faisait perdre le sens de la morale la plus élémentaire. Ce temps fut bref, qui fut celui de la jeunesse. Madame de Montespan comme Mademoiselle de La Vallière finirent leurs jours chacune dans un couvent. Bossuet, l'évêque de Meaux, le grand orateur sacré de l'époque à qui j'avais demandé de prêcher la Passion, n'avait pas mâché ses mots, sans crainte de me déplaire ni aux grands personnages de la Cour. Ce fut une constante admirable des prédicateurs de ce temps, qui nous a gardés de bien des débordements. Il n'en restait pas moins, nous devons bien le reconnaître, que hormis quelques-uns dont Louis IX, dit le Saint, nous n'avons pas été des modèles dans ce domaine.

Manifestement désireux de passer à un autre sujet, le Roi-Soleil poursuivit d'un ton qui n'admettait pas de réplique :

— Dans le métier de roi, nous pouvons dire que nous avons accompli notre tâche et que nous avons su discerner les grâces que le ciel nous envoyait en la personne de grands ministres ou d'hommes de conseils. L'exemple de mon père et de Richelieu, de ma mère et de Mazarin, m'ont montré combien ce rôle du conseil était important. Ainsi, il est courant d'affirmer d'Henri IV, de Louis XIII et de moi-même que nous avons fondé la monarchie absolue. Cela est vrai, mais nous ne l'avons fait qu'en appréciant au plus haut point la grâce d'être conseillés plutôt que de nous déterminer par une volonté propre qui eût ressemblé à celle d'un tyran. L'humilité vraie, qui est celle de l'écoute et de la discipline du bon sens, n'est pas incompatible avec la majesté royale. Seuls les despotes exercent un pouvoir strictement personnel. Nous, nous étions au service d'un royaume dont la grandeur nous dépassait et que nous n'imaginions pas plier à nos volontés et à nos caprices. Le mot de mon père le roi Louis XIII, sur son lit de mort : « Je ne serais pas le roi si j'avais des sentiments de particulier », dit cette tension vers l'intérêt général que nos conseillers nous aidaient à maintenir, si notre caractère ou nos sentiments venaient à faiblir. Je n'ai pas eu de Richelieu, mais j'ai accueilli dans mon conseil Colbert et Louvois. L'un et l'autre étaient en concurrence permanente, voire en opposition en raison de leurs intérêts personnels, et mon travail a consisté à faire que cette concurrence concoure au profit du royaume de France. C'est pourquoi l'historien Jacques Roujon a pu dire de moi que « d'une intelligence médiocre en toutes choses », j'étais cependant « une extraordinaire machine à gouverner les hommes ».

Par-delà le souvenir de mes débordements passionnels, j'espère avoir laissé à la postérité ce goût très français du faste, de l'élégance et de la beauté. Je crois même vous avoir enrichis de mes connaissances dans l'art de la guerre. Si j'ai dit en mourant que j'avais trop aimé la guerre, c'est que j'y réussissais fort bien. Lorsque le royaume a été menacé d'invasions, et alors que j'avais presque 75 ans, je me suis fait porter en tête des troupes à la bataille de Denain, pour vaincre ou mourir. C'est la victoire qui est venue. Le royaume était sauvé de l'invasion. Je pouvais mourir.

Du reste, j'ai régné trop longtemps, mais c'était malgré moi. Le système dynastique permettait que le Dauphin fût de la même génération que la jeunesse du royaume. Ainsi, les goûts, les habitudes, les modes, les sentiments pouvaient être communs au roi et à la jeunesse. La durée de mon règne a supprimé cet accord et je comprends que les peuples se soient lassés de ma présence. Je constate que, depuis la suppression du système dynastique et les révolutions, cet accord entre la classe dirigeante et les jeunes générations ne s'est pas reproduit, même aujourd'hui tandis que votre monarque électif et provisoire a moins de 50 ans. Dans le mode de gouvernement qui s'est substitué à notre système dynastique, il ne semble pas que le pouvoir mûrisse celui qui l'exerce. Il ne le bonifie pas non plus mais le vieillit certainement. Comme dans la chanson, les présidents « deviennent vieux sans être adultes », ce qui n'est pas un bienfait.

VI

Zélie n'en avait pas fini. Jeune étudiante, pétrie de culture classique, elle savait ce que son éducation devait aux grands travaux entrepris par les rois pour civiliser la France. Profitant d'un moment d'inattention de ma part, elle se tourna vers l'assemblée et les pria de détailler davantage la part qu'ils avaient prise dans la construction de la culture et des mœurs françaises.

Le premier à répondre, sans que j'en fusse étonné évidemment, fut François Ier.

— L'Italie nous fascinait, dit-il, parce qu'elle était la patrie des peintres, des sculpteurs, des architectes, des jardiniers, mais aussi des poètes. Nos campagnes d'Italie procédaient de motifs diplomatiques discutables et leurs résultats furent globalement négatifs. La postérité, à juste titre, nous les a reprochées. Il faut dire à notre décharge que l'Italie, avec ses rivalités entre les villes et les provinces, était un lieu propice aux affrontements entre les grandes puissances du temps : la maison d'Autriche, qui englobait aussi l'Espagne, le Royaume d'Angleterre, les princes Allemands, la Papauté et le Royaume de France. En dépit d'une situation politique complexe, l'Italie nous attirait comme un aimant. Bien sûr, il y avait l'extraordinaire beauté des sites et des femmes d'Italie, et cela seul eût suffi à nous prendre au piège. Mais il y avait encore ce renouveau de civilisation qui venait de la découverte de l'Antiquité et auquel on donna plus tard le nom de Renaissance. De mes campagnes, je n'ai pas ramené seulement Léonard de Vinci. Il y a eu également des capitaines français comme le père de Pierre de Ronsard. Ce dernier promut de son mieux les richesses de l'Italie et de l'Antiquité. Le génie de nos artistes et de nos poètes a été de donner une forme française à ce renouveau.

La Renaissance française n'est pas un démarquage ni un plagiat de la Renaissance italienne mais une œuvre spécifique, et nous avons tenu, nous autres rois, à lui imprimer ce caractère français qui l'a distinguée et gardée des outrances d'un certain délire baroque. Le sens de la mesure devait prévaloir. Nous en étions les gardiens, sans pour autant étouffer les besoins de ce renouveau que nous pressentions et éprouvions nous-mêmes, renouveau qui nous a rendu de grands services en nous protégeant des excès de la réforme protestante. Mon fils Henri II a déjà raconté comment il avait présidé à la révolution littéraire que la Pléiade accomplit sous son règne. La Renaissance était fille de ma volonté, exprimée dans l'édit de Villers-Cotterêts qui imposa le français comme langue de tous les actes officiels. Le Collège royal n'est qu'une pierre dans cet édifice plus large de renouveau que j'ai voulu bâtir.

Je souhaitais fort, pour ma part, interroger Louis XIII. N'avait-il pas beaucoup à dire sur le théâtre, l'Académie Française, la littérature et la renaissance religieuse qu'avec Richelieu ils avaient suscités et protégés, parfois à leurs dépens ?

RANCOIS ... Ier ROY DE
RANCE, fils de ... Charles de Valois,
Angoulesme, et de ... Louise de Sauoye,
Nacq.t en 1494 et en ... 1515 Succeda à Louis
XII dõ, il auoit Espousé ... Sa Fille Claude de Frãc,
Il Espousa en 2e Nopces ... Eleonor, Fille de Philippe
Ier Roy d'Espagne, il fut fort ... Vaill.t humain, Liberal, tres
Curieux, Aymant les Lettres, ... quoy q. rarem.t Assisté de la
Fortune, il ne laissa pas de faire ... des Actions admirables pend.t
Sõ Regne il Gaigna Vne Grande Ba ... taille disputeé 2 Io.s Cõtre les Suisses
à Marignan il resista contre toute l'Europe ... liguée cõtre la frãce, il Cõbatit de toutes
part, la puiss.ce de l'Emp.r Charlequint, prit Milan, Subju ... ga la lõbardie, Retablit le Roy de Nauare, prit Pampelune,
Fõtarabie, prit en Flãdre Bapaume, Lãdrecy, reprit ... Mouzon, prit d'Assaut Hedin, Ou les Imp.aux fur.t taillez
en pieces, l'Emp.r assisté des Anglois et bourguignõs, ... rassiegea hedin, mais il n'y gagna rien, Alors le duc
de Bourbõ, ce rengéa du Costé de l'Emp.r, qui le fit Sõ ... Gnal, leq.l reprit Milan, et aussi prit Rome, ou il fut tué, et le
Pape fait prison.er, lors le Roy, retourna en Italie, rep.t ... Milan, et Assiegea Pauie, Ou dãs Vne Grãde Sortie, des
ennemis, Apres auoir eu 2 Cheuaux tués Sous luy, estã ... a pied, Combatãt d'Vn Courage Inuincible, fut pris prison.er,
et Cõduit en Espagne, il fut déliuré à des Cõditions desauan ... tageuses a la frãce; Ayãt fait la Paix auec l'Emp.r il Chastia
mit a la raisõ, le Duc de Sauoye, et Son pais, l'Emp.r recõmança la Guerre Contre la France, et l'attaqua en Picardie, Guienne, et en
Prouence, mais il ne reussit, nul part, Henry Dauphin, luy fit leuer le Siege deu.t Marseille, et le Cõtraint de ce retirer, ces Affaires
en flandre n'aler.nt pas mieux, la bataille de Cerizoles, fut memorable, par la desfaite de pl.s de 20000 Imp.aux pend.t ce temps, l'Emp.r
prit Luxembourg, et força S.t dizier, la Paix ce refit, qui detourna les rauages de la france; Ce grand Roy, ayant Regné 38,
ans presq. dans Vne Cõtinuelle Guerre, mourut a Rambouillet, en 1547, Agé de 53, Ans,

Paris Chez P. Bertrand Rue S.t Iacques a la pomme d'Or proche S.t Seuerin — Auec Priuil. du Roy

FRANCOIS Ier, ROI DE FRANCE, fils de Charles de Valois-Angoulême et de Louise de Savoie, naquit en 1494 et, en 1515, succéda à Louis XII, dont il avait épousé la fille Claude de France. Il épousa en deuxième noces, Éléonore, fille de Philippe Ier, roi d'Espagne. Il fut fort vaillant, humain, libéral, très curieux, aimant les Lettres. Quoique rarement assisté de la Fortune, il ne laissa pas de faire des actions admirables pendant son règne : il gagna une grande bataille disputée deux jours contre les Suisses à Marignan, il résista contre toute l'Europe liguée contre la France, il combattit de toute part la puissance de l'empereur Charles Quint, prit Milan, subjugua la Lombardie, rétablit le roi de Navarre, prit Pampelune, Fontarabie, prit en Flandre, Bapaume, Landrecies, reprit Mouzon, prit d'assaut Hesdin, où les Impériaux furent taillés en pièces. L'Empereur, assisté des Anglais et Bourguignons, rassiégea Hesdin, mais il n'y gagna rien ; alors le duc de Bourbon se rangea du côté de l'Empereur, qui le fit son général, lequel reprit Milan, et aussi prit Rome, où il fut tué, et le Pape fait prisonnier. Alors le Roi retourna en Italie, reprit Milan et assiégea Pavie où, dans une grande sortie des ennemis, après avoir eu deux chevaux tués sous lui, étant à pied, combattant d'un courage invincible, fut fait prisonnier et conduit en Espagne. Il fut délivré à des conditions désavantageuses pour la France ; ayant fait la paix avec l'Empereur, il châtia et mit à la raison le duc de Savoie, et son pays. L'Empereur recommença la guerre contre la France et l'attaqua en Picardie, Guyenne, et en Provence, mais il ne réussit nulle part. Le Dauphin Henri lui fit lever le siège devant Marseille et le contraint de se retirer, ses affaires en Flandre n'allèrent pas mieux. La bataille de Cérisoles fut mémorable par la défaite de plus de 20 000 Impériaux. Pendant ce temps, l'Empereur reprit Luxembourg et força Saint-Dizier. La paix se refit, qui détourna les ravages de la France. Ce grand Roy, ayant régné 38 ans, presque dans une continuelle guerre, mourut à Rambouillet, en 1547, âgé de 53 ans.

— Imaginez, nous dit Louis XIII, qu'au moment où nous faisions la guerre à l'Espagne et où le Cardinal me pressait de faire exécuter sans faiblesse les édits interdisant le duel, Corneille faisait jouer *Le Cid*. Le héros de cette tragédie, Rodrigue, est un gentilhomme espagnol qui, pour venger l'honneur de son père, a tué en duel le père de Chimène dont il est follement épris. Toute l'intrigue repose sur donc un duel pour point d'honneur, ce que précisément Richelieu combattait. Dans la pièce, Rodrigue est finalement gracié par le Roi d'Espagne, et malgré le meurtre de son père, Chimène lui garde son amour. À l'époque, selon le mot de Madame de Sévigné, « tout Paris pour Rodrigue a les yeux de Chimène » ! Ajoutez à cela que la tragédie de Corneille ne respecte ni la règle des trois unités, ni même la simplicité de l'action tragique puisqu'elle se termine bien. L'Académie condamna cette œuvre et nous demanda, au Cardinal et à moi, de la condamner pour des raisons politiques, morales et littéraires. Bien évidemment, nous ne pouvions que la soutenir. Le Cardinal s'est beaucoup battu pour que fût levée l'interdiction ecclésiastique qui excommuniait les acteurs. Comme vous le savez, il ne les contraignit qu'à jouer des pièces qu'une honnête femme pût regarder sans rougir. *Le Cid* faisait partie de ces œuvres et l'engouement de Paris pour le sort de Rodrigue et de Chimène prouve combien Corneille avait perçu l'évolution des mœurs de son temps. L'alexandrin, qui rendait si aisé l'apprentissage des grandes tirades de ce théâtre, permettait aux spectateurs de les réciter à la sortie. Rien n'eût été plus mal compris qu'une interdiction.

À ce discours, Louis XIV sourit et ajouta :

— Corneille a prêté son don de l'alexandrin et de la versification à Molière, qui était lui-même un grand poète mais ne pouvait répondre à toutes mes commandes. Corneille est ainsi venu à son secours. On dit qu'il a écrit une grande partie du *Tartuffe*. C'est une comédie qui a été très critiquée, qui avait contre elle tous les gens « bien », car la dérision jetée par l'auteur sur la fausse piété de Tartuffe pouvait rejaillir sur les habitudes de dévotion que la réforme religieuse et les salons avaient répandues dans Paris. On disait qu'à l'époque, à Paris, un homme sur deux faisait oraison chaque jour pendant une heure. Et la direction de conscience, même exercée par les laïcs pour d'autres laïcs, était devenue une pratique courante.

Le roi ajouta, se tournant vers Zélie :

— Il faut dire que ces dames des salons et des œuvres religieuses avaient beaucoup de mal à nous civiliser. Nous étions des chasseurs et des soldats, plus habitués aux mœurs militaires et aux libertés d'allure de la guerre qu'au respect des conventions. Moi-même, j'avais instauré l'étiquette à Versailles pour tenter de nous discipliner, sans toujours y parvenir. On parle encore des concours de pets qu'il m'arrivait d'organiser ! Cette franchise d'allure nous a manqué plus tard.

Votre Napoléon Ier l'a retrouvée dans sa vie militaire et c'est peut-être ce qui explique sa popularité. Les chroniqueurs le montrent au soir de l'incendie de Moscou, partageant le repas avec les grognards qui font cuire leurs pommes de terre sous la cendre du Kremlin. Piquant l'une de ces patates par la baïonnette, les soldats la tendent à Napoléon en lui disant : « Prends celle-là, mon Empereur, c'est la plus cuite ! » Vraie ou fausse, cette chronique dit bien la simplicité d'allure du « petit caporal » à l'égard de ses hommes et explique le culte qu'ils lui vouaient.

La Cour, Versailles, le caractère administratif de l'institution nous ont peu à peu séparés de cette simplicité dans laquelle excellait mon grand-père Henri IV comme ses prédécesseurs. Il faut reconnaître que nos habitudes anciennes, pour populaires qu'elles aient été, n'étaient pas non plus sans défaut.

Henri IV faisait élever son fils Louis – bientôt le treizième – avec les enfants de ses maîtresses que mon père ne supportait pas, et quand on lui disait que c'étaient ses frères et sœurs parce qu'ils étaient les enfants de son père, il répondait : « Mais pas de ma mère ! » Quand sa gouvernante ajoutait : « Le roi aime bien Madame de Vendôme et la duchesse de Chevreuse », qui étaient les mères de ses enfants, le petit Louis répondait : « Ce sont des putains et moi je ne les aime pas ! »

Louis XI appelait sa grand-mère Isabeau de Bavière, la mère de Charles VII qui avait déshérité son fils et vendu le royaume au roi d'Angleterre par le « honteux traité de Troyes », « la plus grande putain de la chrétienté ».

Telle était notre liberté de langage que toutes les précieuses du XVIIe siècle n'ont pas réussi à étouffer. C'est la vie de Cour et notre éloignement progressif du peuple qui nous l'ont fait perdre.

Louis-Philippe Ier intervint alors, disant :

— Moi, j'avais retrouvé cette liberté d'allure militaire pendant les guerres que j'ai faites dans les armées de la Révolution, notamment à la bataille de Valmy, jusqu'à ce que je m'écarte de la folie de la Convention. Un jour, dans les jardins de Versailles, j'ai étonné la reine d'Angleterre, qui était en admiration devant une pêche.

J'ai sorti de ma poche un couteau, et j'ai cueilli cette pêche. La reine m'a dit son étonnement et je lui ai répondu : « Majesté, quand on a mené la vie que j'ai menée, on a toujours un couteau sur soi. » C'est peut-être là que s'est noué le meilleur lien diplomatique que nous ayons jamais eu avec le Royaume d'Angleterre ! Il ne faut pas oublier que cette grande reine, la reine Victoria, est celle qui avait déclaré que l'anneau de Jeanne d'Arc, qui se trouvait dans sa famille depuis le procès de Rouen, devait un jour revenir à la France. Cela a fini par arriver lorsque les chevaliers du Puy du Fou l'ont racheté et ramené en 2016.

Louis XIV reprit :

— Nous avons toujours considéré avec beaucoup de respect la poésie. Mes ancêtres s'y sont essayés. Charles d'Orléans s'y est particulièrement illustré. Moi-même j'avais tenté d'écrire mais mon historiographe Boileau, à qui j'avais montré mon sonnet, m'a délicatement convaincu de ne pas persévérer car je n'avais pas le don de poésie. Il nous semblait à nous, les rois, que le poète avait une supériorité puisque nos actes que le temps effaçait pouvaient, grâce à eux, se perpétuer dans la mémoire des hommes et accéder ainsi à une forme d'éternité. Les lettres n'ont pas été notre seule préoccupation. Toute ma vie j'ai été un bâtisseur. J'ai offert à mon fils préféré, le duc du Maine, que j'ai eu de Madame de Montespan, un carnet de dessins que j'avais réalisé entre sept et dix ans. On n'y voit que des ouvrages d'architecture. Les bâtiments ont été ma grande passion. Quand j'ai commandé la colonnade du Louvre, celle qui est en face de notre paroisse, Saint-Germain-l'Auxerrois, Le Bernin (l'architecte de Saint-Pierre de Rome !) m'a proposé un projet. Malgré son génie, je l'ai écarté car il était trop italien et trop baroque. J'ai confié l'œuvre à Perrault qui a réalisé la colonnade classique que l'on connaît.

La musique accompagnait le théâtre. Lully accompagnait Molière. La concurrence de leurs ambitions personnelles les a gênés mais je n'ai pas voulu m'y arrêter. À côté de Lully, l'École française de Marc-Antoine Charpentier, François Couperin et beaucoup d'autres a enchanté Versailles, Paris, la France et l'Europe. Mon père et mon grand-père avaient admiré les œuvres de Le Nain et de La Tour. J'ai promu Poussin et défendu Philippe de Champaigne, malgré ses liens avec les jansénistes. Il faut dire que le cardinal de Richelieu et le roi Louis XIII lui avaient déjà confié de grandes commandes. Le Royaume de France était peuplé de talents et je ne voulais pas qu'ils s'étiolent à l'ombre des réussites italiennes et espagnoles. L'Europe regorgeait d'artistes, que ce soit en Allemagne, au Royaume-Uni ou en Hollande. Une grande créativité artistique était également à l'œuvre dans l'empire turc et la Chine. Notre temps fut donc celui des « turqueries » et des « chinoiseries » dont étaient remplis nos cabinets de curiosités. Ainsi, notre souci de promouvoir ce qu'avait de spécifique ce génie français ne nous fermait pas sur nous-mêmes. Ce que vous avez appelé le « Siècle classique », le « Grand Siècle » ou le « Siècle français » aspirait à l'universel. À l'image des Romains de l'Antiquité, il excellait à faire son miel de toutes les beautés répandues dans le monde.

Louis XVI, qui avait écouté attentivement son aïeul, voulut nous dire combien il avait participé de ce même esprit en lançant sur les mers, avec la magnifique marine qu'il avait constituée – la plus belle que nous ayons jamais eue – des explorateurs dont les noms sont restés dans nos mémoires. Il rappela que ce souci était si grand chez lui qu'au moment de mourir sur l'échafaud, il exprima l'une de ses plus grandes préoccupations : « A-t-on des nouvelles de Monsieur de La Pérouse ? »

Louis XVI avait soutenu la révolte des provinces d'Amérique contre le Royaume-Uni. Il était à la pointe des préoccupations géographiques et scientifiques de son temps, avant que la Révolution ne coupe la tête des savants avec celle des poètes et celle des rois. Ce n'est pas un hasard si cette République s'est édifiée dans le sang versé des rois, des savants et des poètes.

Louis XV intervint. Il parlait plus à ses prédécesseurs qu'à nous-mêmes :

— Vous avez eu plus de chance ou de discernement que je n'en ai eu, car il n'est guère aisé de voir à chaque époque ce qu'il y a de bon dans le neuf et ce qu'il est nécessaire d'élaguer de l'ancien. Tel est le mouvement de la vie. Ce qu'on a appelé le siècle des Lumières m'est apparu tout d'abord comme un renouveau des renaissances précédentes. La renaissance carolingienne, celle de la Pléiade et de François Ier, comme celle du Grand Siècle, rompaient avec des habitudes anciennes mais se rapprochaient de l'essentiel dont elles étaient un jaillissement nouveau. Les Lumières ont voulu être une subversion de cet essentiel mais nous avons eu du mal à nous en rendre compte.

Ce que les historiens de la pensée ont appelé plus tard « la crise de la conscience européenne » (Paul Hazard) a eu lieu à la fin du règne de Louis XIV, entre 1685 et 1715. Elle s'est développée pendant la Régence. Elle était installée lorsque mon règne a débuté. Paul Hazard

lackoy pinxit. *a Paris chez Benoist Ruë et Porte S.t Jacques a la Couronne et chez la Veuve de F. Chereau ruë S.t Jacques au deux Pilliers d'Or.* *A. Benoist Sculp 1741.*

Louis XV, également connu sous le nom de Louis le Bien-Aimé, fut le monarque emblématique de la France du XVIIIe siècle. Né le 15 février 1710 à Versailles, il accéda au trône à l'âge de cinq ans, succédant à son arrière-grand-père Louis XIV. Son règne, qui s'étendit de 1715 à 1774, fut marqué par une période de transition entre la splendeur de la monarchie absolue et les prémices des bouleversements sociaux qui précédèrent la Révolution française.

Marié à Marie Leszczynska, fille d'un roi de Pologne, Louis XV se distingua par sa sensibilité et son intelligence, établissant une cour raffinée où l'art et la culture prospéraient. Amateur des arts, il fut un mécène passionné, contribuant au développement du rococo et encourageant des artistes tels que François Boucher et Jean-Antoine Watteau. Sa passion pour les sciences et la philosophie ouvrirent le champ aux penseurs des Lumières dont il ne suivit pas toutes les conclusions.

Malgré les défis économiques et politiques auxquels il fit face, Louis XV chercha à moderniser l'administration et à promouvoir des réformes. Son règne fut également marqué par des événements internationaux majeurs, tels que la guerre de succession d'Autriche et la guerre de Sept Ans. Sa diplomatie subtile contribua à préserver un équilibre délicat dans les affaires européennes alors en pleine mutation.

Surnommé « le Bien-Aimé » en raison de sa proximité avec son peuple, Louis XV tenta de répondre aux préoccupations de la population mais il fut confronté à des défis économiques persistants et à l'opposition grandissante de la part des élites parisiennes et des parlements.

Louis XV s'éteignit à Versailles le 10 mai 1774, laissant derrière lui un héritage complexe, admiré en Province, critiqué à Paris. Son règne, souvent éclipsé par les événements tumultueux qui suivirent, demeure un chapitre édifiant de l'histoire française, au moment de la complexe transition entre l'ancien régime et les bouleversements qui allaient façonner l'avenir de la nation.

la définit en un mot : « Tout le monde pensait comme Bossuet. Tout le monde s'est mis à penser comme Voltaire. » Le contenu de la bibliothèque de ce que l'on appelait alors « l'honnête homme » exprime bien cette transformation. D'une bibliothèque remplie d'ouvrages de spiritualité, de philosophie, de littérature générale, d'histoire et de poésie, on passa à une bibliothèque de livres d'économie, de physique et de nouveaux axiomes juridiques venus de Hollande. Les philosophes ou ceux qui se disent tels ne se référèrent plus à Aristote ou à saint Thomas. L'expérience des siècles n'eut plus de valeur pour eux. Ils inventèrent une origine idéale de la société. La légende du « bon sauvage » remplaça l'observation des faits.

Le maître-livre de Jean-Jacques Rousseau commence d'ailleurs par cette formule : « Écartons tous les faits. Ils n'ont rien à voir avec la question. » En partant de ce présupposé, il était facile d'imaginer n'importe quoi. La mode fut alors à un monde idéal qui répondrait aux exigences de notre raison.

Descartes, en fondant sa philosophie sur le doute systématique et la mise à l'écart de tout ce qui avait été pensé avant lui, concentra les regards sur les mouvements de la matière, considérant que le plus important est de savoir comment mieux produire et mieux consommer. Ainsi, naissait un matérialisme nouveau, tour d'esprit que nous ne connaissions pas et que nous n'avons pas su prévenir. S'il est aisé aujourd'hui de montrer le caractère pernicieux de cet esprit matérialiste qui a triomphé aux XIXe et XXe siècles, ce n'était pas si simple au début, et quand nous nous en sommes rendu compte, il était vraiment trop tard.

Louis XVI avait écouté, avec beaucoup d'attention, les propos de son grand-père. Il se rappelait l'aveuglement des élites de son temps. L'engouement pour les idées nouvelles était alors si grand que Madame de Lamballe, la meilleure amie de la reine Marie-Antoinette, était entrée dans la Franc-maçonnerie. Elle était même devenue grande-maîtresse de la Grande loge féminine. La reine l'avait écrit en souriant à sa mère, l'impératrice Marie-Thérèse. Naïve, elle avait ajouté que l'on avait beaucoup ri à cette intronisation. Marie-Thérèse mettait pourtant en garde sa fille contre ces nouveautés. Marie-Antoinette était bien loin de soupçonner que, peu de temps après, les révolutionnaires lui présenteraient sous sa fenêtre, au bout de piques, la tête et le sexe de Madame de Lamballe. Ce jour-là, elle défaillit, mais il était trop tard. Ces « idées nouvelles » avaient gagné le haut clergé et la haute noblesse. Les foules ne furent ensuite plus que des masses manœuvrées par ces « élites » qui aspiraient à prendre le pouvoir, selon la vieille routine qu'ils avaient connue au temps de la Fronde, des guerres de Religion, des régences…

Sachant les difficultés présentées par cette époque, Louis XVI déclara qu'il avait pardonné à son cousin le duc d'Orléans. Ce dernier, en effet, avait voté en faveur de la mort du roi, dans l'espoir de recueillir lui-même sa couronne. Cela ne lui avait servi à rien puisque le duc d'Orléans fut guillotiné à son tour. En mourant, il demanda pardon pour toutes les fautes qu'il avait commises. Mais pour ce qui concernait Louis XVI, il dit que, connaissant la bonté de son cousin, il pensait qu'il lui avait déjà pardonné.

Louis-Philippe, son fils, qui s'était miraculeusement sorti de cette aventure, ne partageait pas la légèreté d'esprit de son père et il regretta amèrement lui aussi de n'avoir pas discerné à son époque le mouvement d'idées qui aurait pu porter un régime nouveau. Beaucoup de signes indiquaient alors que l'on aurait pu, si on l'avait désiré vraiment, bâtir un ordre solide fondé sur le meilleur de l'ancien mais prenant en compte les nouveautés du temps.

— J'avais pourtant ouvert Versailles « à toutes les gloires de la France ». Ma galerie des batailles commençait avec celle de Tolbiac et allait jusqu'à Austerlitz. J'avais fait rapporter de Sainte-Hélène, par mon fils le prince de Joinville, les cendres de l'Empereur. J'ai organisé aux Invalides une grande cérémonie, mais ce folklore ne suffisait pas. Il eût fallu aller plus profond. Je n'avais à disposition ni les penseurs ni les hommes d'action pour le faire. Je suis resté un homme de ma génération, voltairien, sans voir que le roi Voltaire ne déchaînait plus l'enthousiasme. Comme l'écrivait Musset, un poète de mon temps,

Dors-tu content, Voltaire, et ton hideux sourire
Voltige-t-il encore sur tes os décharnés ?
Ton siècle était, dit-on, trop jeune pour te lire
Le nôtre doit te plaire et tes hommes sont nés.

Le même Alfred de Musset, définissant le mal du siècle dont il était atteint, s'écrie :

Je ne crois pas, ô Christ ! à ta parole sainte :
Je suis venu trop tard dans un monde trop vieux.

Il aurait fallu savoir rendre l'espérance à cette génération qui se croyait trop vieille alors qu'elle n'était encore qu'une enfant. Ses blasphèmes étaient des appels. Je n'ai pas eu les talents qu'ont eus François Ier, Henri IV, Louis XIII et Louis XIV. Celui qui m'a succédé a échoué également. Quant à ceux qui, au XXe siècle, auraient pu sauver la situation, non seulement la République ne les a pas reconnus, mais elle les a combattus.

VII

Zélie ne perdait pas une miette de ces paroles et guettait le moment d'intervenir à nouveau. Parmi les hauts faits attribués aux rois, elle avait remarqué que la guerre tenait une place prépondérante. Elle savait la gloire qu'une victoire pouvait apporter à un monarque. Elle savait aussi le cortège de larmes et de deuils que toute guerre traîne après soi. Elle voulut sonder plus avant Louis XIV qui avait déjà rappelé ses campagnes. Se tournant vers lui, elle dit :

— Mon grand-père a rappelé que vous aviez dit en mourant : « J'ai trop aimé la guerre. » Qu'entendiez-vous par là ?

Louis XIV répondit :

— Nous sommes, nous les rois de France, des chasseurs et des guerriers. Certains historiens ont dit que le dernier des guerriers était mon père Louis XIII. C'est vrai qu'il aimait les armes et qu'il chassait beaucoup, surtout avec des oiseaux, « à la volerie » comme on disait alors. Au cours de notre histoire, nous avons bien des fois été contraints de mener bien des guerres. Mais ces guerres ne ressemblaient pas aux vôtres. Le mot de mon petit-fils Louis XV : « N'oubliez pas que le sang de nos ennemis est aussi le sang des hommes », perd presque son sens devant les moyens modernes de destruction. Vous avez créé des armes qui dispensent de voir le sang et la mort des hommes. Ceux qui bombardaient Hiroshima et Nagasaki ne pouvaient pas voir les effets de leur bombe. Aujourd'hui, la guerre par drone ou sur écran peut se faire à des distances telles que l'humanité de l'adversaire est complètement escamotée. Dans nos guerres, nous employions beaucoup de mercenaires. C'étaient des professionnels qui se connaissaient entre eux et se ménageaient. Beaucoup de batailles ressemblaient à des jeux d'échecs et la seule disposition des corps de bataille pouvait révéler à l'œil du chef où se trouverait la victoire. Tous ceux qui ont vraiment fait la guerre telle que nous la connaissions ont eu un grand respect des hommes et de leurs souffrances, parce qu'ils les voyaient et les éprouvaient. Il y avait trois étapes dans la guerre : d'abord, la bataille elle-même, que l'on menait au risque de perdre sa vie, et puis ce qu'on allait raconter ensuite sur cette bataille. Joinville a dit dans ses souvenirs de la prise de Jérusalem qu'au plus fort de l'affrontement avec les cavaliers musulmans, les chevaliers français se disaient entre eux : « Si nous en sortons vivants nous aurons de belles choses à raconter dans la Chambre des dames ». La « Chambre des dames » est devenue de mon temps un salon où l'on apprenait à parler en termes choisis et en évitant le côté atroce de la description. La troisième étape est celle des poètes. Ils transfigurent la guerre pour que les enfants l'apprennent sans en être trop effrayés. Tous nos grands poèmes sont des histoires de guerre et souvent de grand malheur dans la guerre. Telles sont *l'Iliade*, *l'Odyssée*, *l'Énéide*, *la Chanson de Roland*… L'Église, pour sa part, avait beaucoup travaillé à humaniser la guerre. Les ordres de chevalerie apprenaient aux soldats à devenir chevaliers en ménageant la vie de leurs ennemis chevaliers. Ainsi, au lieu de tuer l'ennemi, pouvait-on le faire prisonnier sur parole et le libérer contre une rançon, ce qui dispensait de tuer. On avait appris aussi à ne pas achever les blessés mais à les soigner, quel que soit leur camp. L'exemple en a été donné par Jeanne d'Arc qui ne mena pas une guerre sainte, car la guerre sainte est inconnue en chrétienté, mais qui essaya de mener saintement une guerre juste, car nous avions le sens de la guerre juste. Sur nos canons était inscrite la formule latine « *Ultima ratio regis* », ce qui signifie « Dernier argument du roi ». Cet argument était vraiment le dernier et on ne pouvait l'employer que lorsqu'on avait épuisé tous les autres. Vous avez changé la forme et la nature de la guerre et nous ne pouvons plus reconnaître le visage de vos batailles. C'est trop de souffrances et nous en sommes meurtris pour vous.

Prodigue en charmes de toutes sortes, cette nuit des Rois me valait, nous l'avons vu, que me fussent mis à disposition, aux moments où je les désirais, les livres que j'aimais et dont j'eusse aimé partager la lecture avec nos souverains. Je songeai au *Voyage au bout de la nuit* de Louis-Ferdinand Céline, et j'en lus au roi ce passage :

> Écoutez-moi bien, camarade, et ne le laissez plus passer sans bien vous pénétrer de son importance, ce signe capital dont resplendissent toutes les hypocrisies meurtrières de notre Société : « L'attendrissement sur le sort, sur la condition du miteux… » Je vous le dis, petits bonshommes, couillons de la vie, battus, rançonnés, transpirants de toujours, je vous préviens, quand les

grands de ce monde se mettent à vous aimer, c'est qu'ils vont vous tourner en saucissons de bataille. C'est le signe… Il est infaillible. C'est par l'affection que ça commence. Louis XIV lui au moins, qu'on se souvienne, s'en foutait à tout rompre du bon peuple. Quant à Louis XV, du même. Il s'en barbouillait le pourtour anal.

Une telle lecture et un tel langage ne rebutèrent point nos princes ! Louis XIV et Louis XV se regardaient en souriant et me firent un signe de dénégation : ils ne s'étaient pas foutus à tout rompre du bon peuple. Mais je continuai ma lecture :

On ne vivait pas bien en ce temps-là, certes, les pauvres n'ont jamais bien vécu, mais on ne mettait pas à les étriper l'entêtement et l'acharnement qu'on trouve à nos tyrans d'aujourd'hui. Il n'y a de repos, vous dis-je, pour les petits, que dans le mépris des grands qui ne peuvent penser au peuple que par intérêt ou sadisme… Les philosophes, ce sont eux, notez-le encore pendant que nous y sommes, qui ont commencé par raconter des histoires au bon peuple… Lui qui ne connaissait que le catéchisme ! Ils se sont mis, proclamèrent-ils, à l'éduquer… Ah ! ils en avaient des vérités à lui révéler ! et des belles ! Et des pas fatiguées ! Qui brillaient ! Qu'on en restait tout ébloui ! C'est ça ! qu'il a commencé par dire, le bon peuple, c'est bien ça ! C'est tout à fait ça ! Mourons tous pour ça ! Il ne demande jamais qu'à mourir le peuple ! Il est ainsi. « Vive Diderot ! » qu'ils ont gueulé et puis « Bravo Voltaire ! » En voilà au moins des philosophes ! Et vive aussi Carnot qui organise si bien les victoires ! Et vive tout le monde ! Voilà au moins des gars qui ne le laissent pas crever dans l'ignorance et le fétichisme le bon peuple ! Ils lui montrent eux les routes de la Liberté ! Ils l'émancipent ! Ça n'a pas traîné ! Que tout le monde d'abord sache lire les journaux ! C'est le salut ! Nom de Dieu ! Et en vitesse ! Plus d'illettrés ! Il en faut plus ! Rien que des soldats citoyens ! Qui votent ! Qui lisent ! Et qui se battent ! Et qui marchent ! Et qui envoient des baisers ! À ce régime-là, bientôt il fut fin mûr le bon peuple. Alors n'est-ce pas l'enthousiasme d'être libéré il faut bien que ça serve à quelque chose ? Danton n'était pas éloquent pour les prunes. Par quelques coups de gueule si bien sentis, qu'on les entend encore, il vous l'a mobilisé en un tour de main le bon peuple ! Et ce fut le premier départ des premiers bataillons d'émancipés frénétiques ! Des premiers couillons voteurs et drapeautiques qu'emmena le Dumouriez se faire trouer dans les Flandres ! Pour lui-même Dumouriez, venu trop tard à ce petit jeu idéaliste, entièrement inédit, préférant somme toute le pognon, il déserta. Ce fut notre dernier mercenaire… Le soldat gratuit ça c'était nouveau… tellement nouveau que Goethe, tout Goethe qu'il était, arrivant à Valmy en reçut plein la vue. Devant ces cohortes loqueteuses et passionnées qui venaient se faire étripailler spontanément par le roi de Prusse pour la défense de l'inédite fiction patriotique, Goethe eut le sentiment qu'il avait encore bien des choses à apprendre. « De ce jour, clama-t-il, magnifiquement, selon les habitudes de son génie, commence une époque nouvelle ! » Tu parles ! Par la suite, comme le système était excellent, on se mit à fabriquer des héros en série, et qui coûtèrent de moins en moins cher, à cause du perfectionnement du système. […]

> La religion drapeautique remplaça promptement la céleste [...]. Autrefois, la mode fanatique, c'était « Vive Jésus ! Au bûcher les hérétiques ! », mais rares et volontaires après tout, les hérétiques... Tandis que désormais, où nous voici, c'est par hordes immenses que les cris : « Au poteau les salsifis sans fibres ! Les citrons sans jus ! Les innocents lecteurs ! Par millions face à droite ! » provoquent les vocations.

Dans ce texte, expliquai-je à Zélie, ce n'est pas Céline qui parle mais un dénommé Princhard qui se trouvait avec lui dans la même maison pour aliénés, ceux qui étaient devenus fous à cause de l'horreur qu'ils avaient vue pendant la guerre.

Louis-Philippe Ier, qui était jeune officier à la bataille de Valmy, remarqua en souriant :

— C'est assez bien vu, mais il y avait des côtés Ancien Régime à Valmy comme il y en avait dans les batailles de Napoléon, et comme il y en eut par moments d'exception dans les guerres modernes. Mais il est vrai que dans ces guerres totales qui sont aussi totalement hypocrites car elles escamotent les morts et les blessés, je ne reconnais plus ce que mes ancêtres appelaient la guerre, où les nobles de leur temps ont gagné leurs titres de noblesse en versant leur sang pour le royaume. C'était un débordement de jeunesse. Condé gagna la bataille de Rocroi à 19 ans, Jeanne d'Arc fut général en chef de nos armées à 17. La guerre, comme l'amour, est affaire de jeunes gens.

Zélie ne rougissait pas de sa propre famille. Elle fit remarquer aux rois que son aïeul, le général Lasalle, avait coutume de dire : « Tout hussard qui n'est pas mort à

30 ans est un Jean-foutre. » On retrouve un écho de ce propos dans la fable où La Fontaine morigène le vieillard qui ne veut pas mourir en lui disant :

Tu murmures, vieillard ; vois ces jeunes mourir,
Vois les marcher, vois les courir
À des morts, il est vrai, glorieuses et belles,
Mais dures cependant, et quelquefois cruelles.

Par la guerre, la mort habitait l'espace des vivants et ne leur était pas aussi étrangère et terrorisante qu'elle l'est devenue pour notre époque. Mais aussi, personne n'eût imaginé de faire de la mort un service médical et organisé par la loi avant la naissance ou au moment de la mort. La guerre faisait partie des nécessités du royaume comme la mort faisait partie des malheurs de la vie.

Louis XIV poursuivit avec beaucoup d'émotion :

— Pour les Invalides, je n'avais pas mis en place un mouroir mais j'ai fait bâtir le plus beau bâtiment de mon règne. Les « invalides », mes soldats blessés à la guerre, y avaient chacun leur appartement et leur jardin, et ils recevaient les soins appropriés. Aujourd'hui, vous visitez encore par millions ces Invalides que je considère comme ma plus grande gloire. Je remercie Monsieur de Louvois d'en avoir su mener la construction jusqu'au bout. Et pourtant ce Monsieur de Louvois a été l'occasion d'une de mes très rares colères lorsque j'ai appris qu'il avait fait couper la main droite de tous les jeunes garçons du Palatinat pour qu'ils ne pussent jamais plus prendre les armes contre la France. Ce crime de guerre, qui était l'équivalent des crimes de guerre qu'avait commis l'Angleterre contre la France pendant la guerre de Cent Ans, me mit dans une telle fureur que, pour ne pas casser ma canne sur le dos de Louvois, j'ouvris la fenêtre de la salle du Conseil et la jetai dans les allées du château. Je ne me suis toujours pas apaisé d'avoir su que ce crime a été commis sous mon nom, sur l'ordre de mon ministre de la Guerre. Il en est resté des traces dans l'histoire des peuples, de même que les campagnes de votre Napoléon ont laissé de bien mauvais souvenirs en Espagne.

Zélie ne s'attendait pas à un tel discours mais fut heureuse de voir que le grand roi connaissait l'existence de son aïeul qui avait été général de Napoléon, mort à trente-quatre ans à la bataille de Wagram. Elle dit à Louis XIV et Louis XV :

— Je vous ai vu manifester votre désaccord quand Céline fait dire à son personnage Princhard que « vous vous en foutiez à tout rompre du bon peuple ». Cependant, les historiens disent que, de votre temps, le roi et la Cour s'enfermaient à Versailles, n'ayant plus de contact ni avec Paris ni avec les villes, ni avec les campagnes de province.

Vif et emporté, Henri IV prit le premier la parole :

— Je n'ai pas beaucoup aimé la citation de ce Monsieur. Il évoquait Louis XIV et Louis XV, or l'un comme l'autre ont suivi ma devise qu'on voit encore sous mon buste dans les couloirs de votre Assemblée nationale : « La violente amour que je porte à mes sujets m'a fait trouver pour eux tout agréable. » Je n'ai pas fait de mes sujets des « saucissons de bataille », comme le prétend ce Monsieur. Bien au contraire, je me suis efforcé de favoriser la paix et la tranquillité afin que les familles et les pauvres puissent vivre le plus honorablement et le plus paisiblement possible. J'y insiste parce que je ne peux consentir à des propos qui affirment exactement le contraire de ce que nous avons voulu vivre et ce que nous avons réussi à mettre en œuvre. Le service du peuple a toujours été notre première application et notre premier devoir.

Henri IV se rassit et profita de l'émotion qu'il avait suscité pour lever silencieusement son verre à ses souvenirs.

Louis XVI avait été sensible aux propos de Zélie sur l'éloignement entre le roi et ses peuples. N'en avait-il pas porté les dernières conséquences ? Il reconnut que la centralisation administrative et les charges de travail qu'elle entraînait immobilisaient le roi et ses conseils à Versailles ou au Louvre, et que les mauvais souvenirs de la Fronde des nobles et des parlements avaient poussé son aïeul Louis XIV à retenir près de lui ces nobles frondeurs et à tenir en suspicion les parlements des provinces, comme le Parlement de Paris.

— J'ai cru bon de revenir sur la décision de mon grand-père Louis XV qui avait décidé de remplacer les parlements par des juridictions de Cour d'appel, en rendant leurs libertés et leurs prérogatives à ces magistrats qui ne m'en ont pas été du tout reconnaissants, qui ont précipité la Révolution dans laquelle, d'ailleurs, eux-mêmes ont été engloutis.

Je me permis de faire observer que lorsque Napoléon promulgua les Codes civil, pénal, de commerce et d'organisation judiciaire, il fit reprendre par ses juristes ce qui avait été préparé sous Louis XV pour unifier le droit et réformer la magistrature. Les critères, alors, étaient de parvenir à des textes simples, donc bien écrits et faciles à retenir, et à des juridictions accessibles physiquement aux justiciables. Au fil des temps, ces deux critères se sont estompés. Les textes sont devenus pléthoriques et incompréhensibles, souvent contradictoires entre eux, faisant la fortune des hommes de lois et des cabinets de conseil. Le sentiment d'insécurité des justiciables est allé croissant, les citoyens ne trouvant plus de juges disponibles à proximité pour régler leurs différends. Le symbole du roi justicier recevant les plaideurs sous son chêne est devenu une image lointaine dont plus personne ne pense qu'elle puisse représenter adéquatement la justice. Et pourtant on ne devrait pas s'écarter de ce qu'elle représente : un juge impartial et compétent, accessible à tous.

Mon confrère et ami Cicéron, par qui Zélie et moi avions été introduits, approuvait mes propos en disant que Rome dans sa décadence avait connu les mêmes maux. Ils n'étaient donc pas spécifiques à la monarchie puisque Rome était une République. Malheureusement, la République qui succéda à Louis XVI fut loin de rétablir la justice. Elle s'illustra dans la Terreur et lorsque Napoléon y mit un terme, il ne vit d'autre solution que de tenir les juges en laisse et de « couper la langue aux avocats ».

Louis XVIII nous montra qu'il avait travaillé à desserrer cet étau et que son comportement à l'égard de l'avocat Berryer, qui avait défendu dans des procès publics à grand spectacle les derniers fidèles de Napoléon, montrait bien le respect qu'il manifestait pour la noblesse de la défense.

Je regrettai bien que Berryer ne fût point-là avec nous, lui qui avait tant défendu à la fois les rois et la liberté, dans un siècle où on pensait que royauté ne pouvait pas rimer avec liberté. Berryer avait démontré le contraire et toute sa vie le prouvait. S'il avait rencontré des difficultés, c'était avec Napoléon III, dont il avait pourtant sauvé la tête quand il n'était que Louis-Napoléon Bonaparte. Tant il est vrai que les monarques de passage n'ont pas les mêmes délicatesses de comportement que les rois héréditaires… Berryer, qui avait été chef du parti légitimiste et donc opposé à Louis-Philippe et aux Orléans, était fier d'avoir sauvé les biens des Orléans que Napoléon III voulait confisquer. Il avait obtenu cette victoire judiciaire par le respect du droit et du caractère public de l'audience : *forum et jus* (publicité des débats et droit) était sa devise professionnelle.

VIII

Zélie intervint. Ces considérations l'intéressaient mais elle souhaitait encore poser certaines questions plus personnelles :

— Aujourd'hui, dit-elle, nous sommes très préoccupés du sport mais on ne voit rien de cet enthousiasme dans votre vie ou dans vos mémoires.

Ce fut Louis XIV qui lui répondit :

— Ce que vous appelez aujourd'hui le sport entrait à mon époque dans le domaine plus vaste de ce que nous appelions les divertissements. Il y avait les divertissements du corps comme il y avait ceux de l'esprit, et le peuple et la noblesse y recouraient avec la même ferveur. Pascal, le diamant noir du XVIIᵉ siècle, le remarquait à sa façon : « Les hommes s'occupent à suivre une balle ou un lièvre. C'est le plaisir même des rois. » Vous voyez que la ferveur sportive n'est pas née avec le XXᵉ siècle ! Pascal a beaucoup réfléchi à ces divertissements. Pour lui, ils nuisaient à la condition spirituelle de l'homme en le distrayant de sa propre solitude. Il écrivait ainsi que l'homme est « si vain [que] la moindre chose, comme un billard et une balle qu'il pousse, suffisent pour le divertir » (*Pensées*, 139). Vous voyez bien par là qu'il y a longtemps que courir après un ballon, par exemple, occupe les hommes.

Pour les exercices physiques, je puis vous assurer que les rois de France n'étaient pas en reste. Bien entendu, deux grandes disciplines physiques nous occupaient au premier chef: la guerre et la chasse. Comme soldats, nous devions manier l'épée. L'escrime nous occupait ainsi depuis l'enfance et nous en apprenions l'art auprès des plus grands maîtres. Les guerres que nous devions mener requéraient aussi que nous montions à cheval. C'est à cheval que nous nous déplacions avec nos armées, que nous combattions, que nous mourions parfois, l'épée à la main. L'équitation nous a tous enchantés – et lorsque la guerre se terminait – la chasse nous offrait d'autres formes de chevauchées. En temps de paix, je chassais plusieurs fois par semaine et je tenais à ce que les dames de la cour suivissent ces chasses comme les hommes. Au cours de la chasse, il nous revenait également de « servir » la bête. « Servir » un animal, c'est le mettre à mort au terme de la poursuite, à l'aide d'une lance ou d'un couteau. L'exercice est périlleux car une défense de sanglier ou un bois de cerf peuvent tailler un homme en pièces. Mais c'était là l'office du maître de la chasse, c'est-à-dire en général le roi, qui descendait de cheval et offrait ensuite à celles et ceux qu'il voulait honorer qui un bois, qui une défense, qui un pied. Aucune partie noble n'était abandonnée aux chiens.

Un instant songeur, visiblement visité par bien des souvenirs, Louis XIV ajouta :

— Pour moi, j'ai beaucoup aimé la danse. Les nécessités de mon état ne me permettaient pas toujours de danser en public. Dans ma jeunesse, il m'est arrivé de me rendre *incognito* à certains bals de Paris. J'y dansais, masqué, et j'en éprouvais un très vif plaisir. La danse

LOVIS LE GRAND
De L'armessin Sculp. 1690
Roy de France et de Nauarre Fils
Louis XIII Roy de France & de
Anne d'Autriche Nacquit en 7.bre
1638 & Succeda en 1643 son Regne a
Commance par des Grands Aduantage
Remportez tant Sur Mer que Sur terre
tant en Holande Flandre Alemagne Italie Roucil
lon Catalogne qu'ailleur ce qui luy fait Compter
Autant de Victoire q'd'en treprises il fut Majeur en
1651 et Sacre en 1654. Marie En 1660 Auec Marie Therese
d'Autriche Et en 1663 il Renouuele l'alliance Auec les Suisses Et
en 1664. Enuoya Vn Secours a l'Empereur lequel Secour d'Effit
les turcs Sur le Raab en hongrie En 1667 il fit des Progrez Surpren.
en Flandre en 1668 Conquit la Franche Comte q'il remit en Suitte à l'Espagne
par la Paix En 1669 Vint Vers luy Vn Ambassadeur de la part du Grand Seigneur en 670
il en Vint Vn autre de la part des Roys de la Guineé qui luy Offroient toutes leurs puissances en
671 il Marcha a la teste de Cent Cinquante Mille hômes Contre les Holandois Liguez Auec l'Espag.e
et l'Empire Contre luy & Malgre tous leurs Efforts Chimeriques il leurs prit plus de Cinq.te
Villes en deux Mois de Campagne Et les Reduisit tous a luy demander la Paix quy leurs
Accorda Genereusement En 678 & pendant cette Guerre il reconquis pour la Seconde fois
la Franche Comte et gaigne plusieurs Villes et fameuses Batailles en Flandre en 679 il a
donne Mademoiselle d'Orleans Sa Niepce en Mariage au Roy d'Espagne En 680 a fait
le Mariage de Monseig.r Son Dauphin Auec la Princesse de Bauiere En 681 il a pris la Ville de
Strasbourg en 682 est Venu Vn Ambassadeur du Roy de Maroc pour faire Paix & Establissement
de Comerce qu'il leurs a Accorde En 683 Mourut la Reyne Son Espouse en 684 il a reduit les Algeriens
a luy Enuoyer Vn Ambassadeur pour luy demander la Paix qu'il leurs Accorda il a reduit Importante Ville
de Luxembourg, il a Chastie les Genois leur faisant Bombarder leur Ville & en la Mesme Année a fait treue
pour 20 ans Auec l'Empire l'Espagne & la Holande, en 685 il a receu les Soumissions de la Republiq. Genoise
par Son Doge & 4. Senateurs, en la Mesme Année il a Cassé l'Edit de Nantes fait abatre les temples des Religio-
naires & exturpé l'heresie de Son Royaume en 686 est Venu Vers luy trois Ambassadeurs du Magnifiq. Roy
de Siam dans les Indes pour faire liaison d'Amitie Entr Eux & Etablir le Cômerce, en 688 le Palatinat a Este
reduit a Son Obbeissance Suivant Ses Ordres que Monseig.r Son Dauphin a Executez Courageusem.t en
fort peu de temps & hors de Saison, En 689 il a donne Retraite au Roy d'Angleterre a la Reyne & au Prince
de galles leur fils & declare la Guerre au Prince d'Orange Vsurpateur & aux Anglois & Escossois Rebelles
Ses adherans Comme aussy a l'Empire l'Espagne et la holande Enuieux & Jaloux de la Protection & du
Secour qu'il a donne au Roy de la Grande Bretagne,
A Paris Chez N. de L'Armessin Rue S.t Jacques, a la Pôme d'Or.
Auec Priuil du Roy

LOUIS LE GRAND, Roi de France et de Navarre, fils de Louis XIII, roi de France, et d'Anne d'Autriche, naquit en septembre 1638 et succéda en 1643. Son règne a commencé par de grands avantages remportés tant sur mer que sur terre, tant en Hollande, Flandre, Allemagne, Italie, Roussillon, Catalogne, qu'ailleurs ; ce qui lui fait compter autant de victoire que d'entreprises. Il fut majeur en 1651, sacré en 1654, marié en 1660 avec Marie-Thérèse d'Autriche. En 1663, il renouvela l'alliance avec les Suisses et en 1664 envoya un secours à l'Empereur, lequel secours défit les Turcs sur la Raab en Hongrie. En 1667, il fit des progrès surprenants en Flandre ; en 1668, il conquit la Franche-Comté qu'il remit ensuite à l'Espagne par la paix. En 1669 vint vers lui un ambassadeur de la part du Grand Seigneur ; en 1670, il en vint un autre de la part des rois de la Guinée qui lui offraient toutes leurs puissances. En 1671, il marcha à la tête de 150 000 hommes contre les Hollandais ligués avec l'Espagne et l'Empire contre lui. Et malgré tous leurs efforts chimériques, il leur prit plus de cinquante villes en deux mois de campagne et les réduisit tous à lui demander la paix, qu'il leur accorda généreusement en 1678. Et pendant cette guerre, il reconquit pour la seconde fois la Franche-Comté et gagna plusieurs villes et fameuses batailles en Flandre. En 1679, il a donné Mademoiselle d'Orléans, sa nièce, en mariage au roi d'Espagne ; en 1680, il a fait le mariage de Monseigneur son dauphin avec la princesse de Bavière. En 1681, il a pris la ville de Strasbourg ; en 1682, est venu un ambassadeur du roi de Maroc pour faire la paix et établir le commerce, ce qu'il leur a accordé ; en 1683, mourut la reine son épouse ; en 1684, il a réduit les Algériens à lui envoyer un ambassadeur pour lui demander la paix, qu'il leur a accordé, il a réduit l'importante ville de Luxembourg, il a châtié les Génois, faisant bombarder leur ville, et en la même année, il a fait trêve pour vingt ans avec l'Empire, l'Espagne et la Hollande. En 1685, il a reçu les soumissions de la République génoise par son doge et quatre sénateurs ; en la même année, il a cassé l'Édit de Nantes, fait abattre les temples des Religionnaires et extirpé l'hérésie de son royaume. En 1686, sont venus vers lui trois ambassadeurs du magnifique roi de Siam, dans les Indes, pour faire liaison d'amitié entre eux et établir le commerce. En 1688, le Palatinat a été réduit à son obéissance suivant ses ordres, que Monseigneur son dauphin a exécuté courageusement, en fort peu de temps et hors de saison ; en 1689, il a donné retraite au roi d'Angleterre, à la reine et au prince de Galles, leur fils, et déclaré la guerre au prince d'Orange, usurpateur, et aux Anglais et Écossais rebelles, ses adhérents, comme aussi à l'Empire, l'Espagne et la Hollande, envieux et jaloux de la protection et du secours qu'il a donné au roi de la Grande-Bretagne.

faisait partie intégrante de l'éducation des rois. Mon père Louis XIII, que l'on disait très austère, était lui-même excellent danseur et à merveille connaissait toutes les danses de notre pays.

Nous suivions aussi, comme on le voit dans les pièces de Molière, les leçons d'un maître de gymnastique. Chaque matin, il nous exerçait à mettre notre corps en bonne disposition. De cette manière, nous étions très attentifs à tout ce qui touchait à la santé et à l'équilibre physique. Mais il est vrai que nous n'avons pas organisé à nos époques de Jeux Olympiques à la manière d'Athènes puis de Rome. Cet usage était lié à une pratique païenne de l'exercice physique qui nous était étrangère. Nous n'avons eu que peu de compétitions ou d'équipes constituées même si nous jouions beaucoup à la balle et à ce qu'on appelait le *tenez* qui est devenu en anglais le *tennis* et qui nous est revenu d'Angleterre. La paume, la balle, le jeu à la raquette étaient très pratiqués mais moins de façon compétitive, pour briller, que pour se détendre.

Zélie parut satisfaite de la réponse et en vint à une autre question qui la préoccupait :

— On ne voit pas du tout non plus dans vos édits ni dans vos mémoires qu'il y ait des préoccupations tenant à la sexualité ou à la fécondité, contrairement aux grands débats qui nous occupent aujourd'hui sur la contraception ou la contragestion, c'est-à-dire de la pilule d'avant et de la pilule du lendemain. Est-ce que cette question ne se posait pas du tout de votre temps ?

Louis XIV, encore lui, sourit et lui répondit :

— Les hommes et les femmes de tous les temps ont toujours su faire le nécessaire pour ne pas avoir d'enfants tout en faisant ce qu'il fallait pour en avoir. On le voit déjà dans la Bible. Et si dans le serment d'Hippocrate, il est dit: « Je ne mettrai pas à une femme de pessaire abortif », c'est bien que ces pratiques existaient déjà. Je vous signale, au cas où vous l'ignoreriez, qu'il est fait mention dans la Bible de méthodes contraceptives au chapitre d'Onan. On en trouve aussi des traces significatives dans les recherches archéologiques à Athènes, à Rome et en Égypte, où on a découvert des substances qui correspondent très exactement aux substances contraceptives que vous utilisez aujourd'hui.

Il ne s'agit donc pas d'une pratique spécifique à votre époque mais d'un usage très ancien. Dans les sociétés anciennes, il était restreint par les lois et par les croyances religieuses. À votre époque, il se généralise parce que les critères de la moralité ont changé. De mon temps, des avorteuses – qui ont fini par être condamnées – pratiquaient la vente de produits censés empêcher la conception ou l'interrompre si elle avait eu lieu. En d'autres termes, elles proposaient des produits contraceptifs et contragestifs. Mais ils étaient souvent beaucoup plus nocifs qu'efficaces. Une femme de mon époque s'est rendue tristement célèbre par ce commerce. Il s'agit bien sûr de Madame Voisin que l'on n'appela plus que « La Voisin » quand éclata « l'affaire des poisons ». Des décès suspects eurent lieu à Versailles et les soupçons se portèrent sur cette femme dont les prétendus remèdes empoisonnaient celles qui y recouraient.

En ce qui me concerne, comme mon grand-père Henri IV, j'ai toujours beaucoup aimé les enfants. Lorsque je m'entretenais avec mon jardinier Le Nôtre de l'organisation du parc de Versailles, j'insistais pour qu'il enchantât d'abord les enfants. Le Nôtre ne m'a pas désobéi. Le poète Alfred de Musset a été bien cruel d'écrire plus tard que ce chef-d'œuvre était

> L'ennuyeux parc de Versailles [...]
> Où le dimanche tout l'*été [...]*
> Baillent tant d'honnêtes familles.

Il s'agissait bien d'un parc fait pour les enfants, et j'avais dit à Le Nôtre : « Je veux de l'enfance partout. » C'est vrai qu'au grand scandale de mes contemporains – en particulier du clergé – j'ai voulu élever mes enfants à la Cour, comme l'avait fait mon grand-père Henri IV. J'ai imposé cet usage même quand leur mère n'était pas la reine, ce qui fut le cas des enfants de Mademoiselle de La Vallière et des enfants de Madame de Montespan. Nous n'avons guère pratiqué ce que vous appelez la contraception et nos maîtresses se trouvaient très souvent enceintes. Elles cachaient le plus longtemps possible leurs grossesses mais ne pouvaient pas le faire indéfiniment de même qu'il était difficile de cacher leurs accouchements.

La décision d'avorter ne vient pas seulement de la crainte de l'acte que l'on a commis, mais surtout de la peur des enfants. Or, nous n'avions pas peur des enfants car nous avons toujours beaucoup aimé l'enfance. C'était le cas de mon grand-père Henri IV. C'est aussi mon cas.

Ce que je constate dans votre temps, ce n'est pas tellement une crainte des débordements amoureux, mais surtout une peur de l'enfant qui me paraît être une peur de la vie et c'est un sentiment que nous n'avons jamais eu, même aux temps des plus grands effrois.

Je crois que cette peur de l'enfant est un sentiment

inquiétant. Les enfants sont ce qui fait la vie, la gaîté, la joie et j'avais beaucoup de plaisir à voir tous ces enfants courir dans les jardins et dans le château de Versailles. D'une certaine manière, c'est pour eux que j'avais bâti ce palais féerique. C'est ce que je répondais à ceux qui me reprochaient d'être trop attaché aux enfants. La mortalité infantile, très élevée à mon époque, est une réalité qui m'a toujours beaucoup bouleversé. J'ai toujours été très affecté par la disparition des enfants, qu'ils fussent mes enfants ou mes petits-enfants. Vous savez que j'ai perdu successivement un fils et un petit-fils. J'ai dû attendre la naissance de mon arrière-petit-fils pour avoir un successeur. On peut se figurer mon inquiétude et les raisons qui m'ont poussé de façon très scandaleuse, je dois le reconnaître, à faire légitimer certains des enfants que m'avait donné Madame de Montespan. Je pense surtout au duc du Maine, évidemment, dont j'ai déjà parlé et qui était mon préféré.

J'ai peut-être été excessivement attaché à l'enfance et c'est la raison pour laquelle je ne comprends pas votre mentalité dans ce domaine-là. Elle m'apparaît comme une fantastique régression.

En ce qui nous concernait, il y avait une part de préceptes religieux, mais comme nous étions en dehors des préceptes de la morale pour ce qui concernait la vie amoureuse, c'était surtout un sentiment profond d'accueil de l'enfance qui prévalait et ce sentiment-là, il me semble que vous ne le connaissez pas assez.

Le roi nous avait répondu avec beaucoup de grâce et de franchise. Ses propos reflétaient bien ce que les historiens rapportent de la présence de toute cette enfance à la Cour du roi Henri comme à la Cour de Louis XIV.

On sait qu'Henri le Grand jouait avec ses enfants, qu'ils fussent légitimes ou bâtards. Lorsque ses conseillers venaient le chercher au milieu de ses jeux, parce que le moment était venu de recevoir des ambassadeurs, il répondait qu'il accueillerait ces dignitaires entouré des enfants avec qui il jouait. Ses conseillers devaient alors lui expliquer que l'usage diplomatique ne le permettait pas. La tradition populaire a bien fait de représenter Henri IV jouant avec sa progéniture. Après tout, recevoir des ambassadeurs de grands États étrangers à quatre pattes, avec des enfants qui vous collent des gommettes sur le front ou sont à califourchon sur votre dos, qui jouent à saute-mouton par-dessus vous est peut-être plus favorable à la paix que de longues discussions d'adultes orgueilleux. Cette familiarité avec les enfants n'a pas disparu avec le Grand Siècle et elle s'est maintenue très tard. Ce n'est que récemment que cette méfiance à l'égard de l'enfance est apparue. Elle exprime bien une diminution de la joie de vivre et de la simplicité dans les relations.

Henri II reprit :

— Les tournois étaient nos compétitions. Le tournoi est un art difficile qui met en jeu toutes les qualités physiques. Il faut avoir la force, il faut savoir monter à cheval, il faut savoir tomber avec une armure lourde et se relever sans dommage. Il faut aussi être très rapide. Pour s'entraîner au tournoi, on faisait ce que l'on appelait des lances ; courir la lance, c'est être à cheval au galop, taper avec sa lance dans un mannequin au niveau de son bouclier, et passer très vite, parce que ce mouvement fait tourner le mannequin qui, si vous ne vous êtes pas échappé, vous assomme. Le duc d'Alençon avait vu

Jeanne « courir une lance » de cette manière et était resté admiratif de la façon dont elle s'y était prise. Dans les tournois, à la place du mannequin, il y avait un autre chevalier qui arrivait en face et tentait de vous faire tomber de votre cheval tandis que vous tentiez de le faire tomber du sien. Parfois, il pouvait y avoir un accident comme celui que j'ai connu lorsque la lance traversa mon heaume et me creva l'œil. Vous savez qu'il m'en a coûté la vie. On peut considérer que, pour un roi, ces tournois constituaient un sport bien dangereux, presque frivole, tant il est vrai que l'on ne peut risquer sa vie par divertissement. Mais il fallait que le roi donnât l'exemple, qu'il fut bon chevalier. Ces tournois étaient généralement dédiés à de belles dames, qui étaient celles des chevaliers. Ce qui ne signifiait pas qu'elles fussent toujours leurs épouses ou leurs maîtresses. Pour l'honneur de ces femmes, les chevaliers combattaient et les dames, à leur tour, désignaient ensuite dans leur « Cour d'amour » celui qui avait été meilleur chevalier. Ce n'était pas forcément le vainqueur du tournoi, car à côté du tournoi proprement dit, il y avait aussi des tournois de chants, de poèmes, de discours, où les chevaliers devaient s'illustrer. Voici donc une compétition très complète, mais qui ne ressemble effectivement pas aux compétitions antiques telles que les ont connues Athènes et Rome. Cet art du tournoi, Louis XIII encore l'a pratiqué.

L'intéressé approuva : c'était un délassement qu'il aimait beaucoup. Cet exercice était en réalité une compétition assez dangereuse, on dirait aujourd'hui un sport à risque, mais elle faisait partie de la panoplie obligatoire d'un roi.

Charles V prit la parole. À peine avait-il ouvert la bouche qu'un grand silence s'étendit, signe qu'il était bien Charles V le Sage, celui qu'on écoutait quand il parlait. Il dit :

— Le tournoi a joué un rôle important pendant mon règne. C'est lors d'un tournoi que fut révélé Bertrand du Guesclin, ce jeune seigneur qui allait devenir mon connétable et m'aiderait tant à libérer la France des Anglais. Du Guesclin avait pris part *incognito* à un tournoi où il avait vaincu tous les chevaliers qu'il avait affrontés. Quand se présenta le dernier, à la grande surprise des spectateurs, du Guesclin descendit de cheval, salua son adversaire et lui rendit les armes. Tous deux relevèrent leur heaume et l'on comprit alors que Bertrand du Guesclin avait reconnu son père qu'il ne voulait pas affronter. Le père et le fils s'étreignirent.

À partir de ce moment, Bertrand du Guesclin retrouva sa place d'aîné à la table familiale. Sa mère l'en avait privé parce qu'elle le trouvait trop laid. Il épousa une des plus belles femmes du royaume, Thiphaine de Raguenel, fort savante et qui lisait dans les astres. Elle lui envoyait des messages lorsque les astres indiquaient qu'il ne fallait pas livrer bataille. On lui doit ces mots adressés à son mari au moment d'un de ses nombreux départs pour une guerre lointaine :

À Dieu soit votre corps confié
Je n'aime rien autant que vous.

— Bertrand du Guesclin mourut le 13 juillet 1380 après avoir combattu toute la journée sous le soleil pour prendre la ville forte de Châteauneuf-de-Randon, dans l'actuel département de la Lozère. Il avait bu, au soir de la bataille, l'eau très fraîche d'une des sources avoisinantes et on dit que le contraste entre la chaleur du combat et du jour et le froid de l'eau provoqua chez ce soldat de soixante ans une hydrocution fatale. Les Anglais, qui tenaient Châteauneuf, vinrent déposer les clés de la ville aux pieds du corps de du Guesclin qui fut ainsi vainqueur posthume de la bataille. Selon la coutume du temps, on partagea son corps en diverses tombes mais je voulus que la plus grande partie de ses restes fussent inhumé à Saint-Denis où se trouve son gisant. Je fus très affecté par sa mort. C'était un connétable courageux et victorieux, mais également un ami fidèle et un conseiller très écouté. Il avait libéré le Royaume de France des grandes compagnies qui le désolaient en le pillant, en brûlant les villages, en violant les femmes, en tuant les enfants. Il avait été une aide précieuse pour la réalisation de ce qui était notre but politique : la tranquillité de l'ordre.

Zélie, émue de l'accueil que lui avaient réservé les rois, aurait aimé qu'ils s'épanchassent encore. Elle sentait cependant avec moi que le merveilleux songe allait prendre fin. Pour les retenir encore un peu, elle s'écria, songeant à ses cousins et à ses amis :

— Mais pour nous maintenant, pour les jeunes gens de ma génération, que pourriez-vous nous dire, un peu comme en conclusion ?

Ce fut Louis XIV qui lui répondit. C'était un homme d'âge mûr, mais sans l'aspect engoncé que lui donne le tableau de Rigaud. Il avait une grande perruque et une fine moustache, et il avait conservé cette allure de jeune homme qui le faisait remarquer à la danse et à la guerre.

— Comme cela vous a été dit, soyez royaux ; ne vous perdez pas dans les petits détails des péripéties. Nous avons connu beaucoup de ces péripéties, mais au milieu d'elles, nous avons toujours gardé la ligne directrice qui était le bien du royaume tout entier. Vous aussi, et plus encore que nous, devez garder cette ligne et ne pas vous perdre dans les événements mineurs que vous allez traverser. Il est bon et nécessaire, naturellement, que vous participiez à la vie de la société lors des élections, lors des campagnes de presse et à chaque fois qu'un débat important requiert votre présence et votre générosité de cœur et d'esprit. Mais gardez toujours cette ligne générale du *service* du Royaume de France dans ce qu'il a d'essentiel. Ce que vous avez à faire, qui est la vocation de votre génération, c'est de refaire un Royaume de France qui soit ainsi un modèle non seulement pour les Français qui y vivent mais pour l'humanité tout entière qui n'a pas de modèle de civilisation et qui souffre de ne pas en avoir. Une civilisation n'est pas une idée, encore moins un enchaînement d'idées ou une idéologie. C'est une réalité qui se vit. Il faut donc faire vivre le Royaume de France et vous pouvez le faire. Et vous devez le faire. Telle est la ligne directrice que nous vous offrons, et si vous la maintenez envers et contre tout, attachés à l'essentiel de ce qui est français, alors vous pourrez être ceux qui auront vraiment fait quelque chose au XXIe siècle, ceux qui auront ouvert de nouvelles voies. Si vous persévérez dans cet effort, vous serez nécessairement vainqueurs.

Aujourd'hui, dans tout ce que j'observe, je ne remarque pas de véritable persévérance. Il y a des essais, des tentatives, parfois de belles échappées mais il n'y a pas véritablement d'effort continu vers ce but que nous, les Capétiens, avons poursuivi envers et contre tout, parfois même contre notre tempérament. Voilà la tâche qui vous incombe. Vous avez à vous montrer vraiment Capétiens, et, si vous le faites, vous en verrez les fruits, même de votre vivant. Je souhaite que vous voyiez ces fruits car la politique est affaire d'ici et maintenant, pas seulement de futur. Sans aucun doute, un avenir vous sera offert. Mais avant d'obtenir l'avenir, il vous faut habiter le présent, et ce royaume, c'est au présent qu'il doit être bâti.

J'aime ce passage d'un chant que vous chantez dans les églises : « Le Royaume est parmi nous. » C'est l'Évangile : le Royaume est parmi vous. Le Royaume est au-dedans de vous. Il faut que vous le sachiez et que vous connaissiez ce royaume par l'expérience intérieure. Il faut que vous le portiez et le fassiez connaître. Il faut, comme on vous le disait, faire connaître et faire aimer la France et pour cela, il faut commencer par la connaître et par l'aimer. Là est la ligne directrice de votre effort. Je n'ai pas d'autre chose à vous dire.

Zélie regarda les autres rois. Ils approuvaient ce que venait de dire Louis le Grand, et ces mots nous parurent comme une sorte de conclusion à notre entretien. Nous n'avions plus de questions à poser. Ils n'avaient plus d'autre chose à nous dire. Louis XIV avait apporté la conclusion.

C'est le cœur triste mais plein d'une noble espérance que nous quittâmes la clairière. Zélie et moi remerciions le ciel de nous avoir permis de trouver ainsi, dans l'empyrée, ces rois qui, semblables aux dieux antiques, banquetaient ensemble en pensant au Royaume de France, en priant pour lui et en travaillant pour lui.

Le Royaume n'était donc pas un rêve mais une réalité qui avait existé dans le passé, qui pouvait advenir encore demain et que nous pouvions faire exister dès aujourd'hui, à condition que nous le connaissions et le voulions.

Mais nous voulions comprendre, Zélie et moi, comment la restauration de cet ordre n'avait pas pu se faire, surtout avec ce grand politique qu'était Louis-Philippe Ier.

En exergue de son livre sur ce roi, Georges Bordonove a placé ce portrait de Louis-Philippe tracé par Victor Hugo dans *Les Misérables*, mais dont il dit lui-même qu'il aurait pu être de la plume de Saint-Simon :

> Les révolutions ont le bras terrible et la main heureuse. [...] 1830, dans sa déviation, eut du bonheur. Dans l'établissement qui s'appela l'ordre, après la Révolution coupée court, le roi valait mieux que la royauté. Louis-Philippe était un homme rare.
>
> Fils d'un père auquel l'histoire accordera certainement les circonstances atténuantes, mais aussi digne d'estime que ce père avait été digne de blâme ; ayant toutes les vertus privées et plusieurs des vertus publiques ; soigneux de sa santé, de sa fortune, de sa personne, de ses affaires ; connaissant le prix d'une minute et pas toujours le prix d'une année ; sobre, serein, paisible, patient ; bonhomme et bon prince ; couchant avec sa femme, et ayant dans son palais des laquais chargés de faire voir le lit conjugal aux bourgeois, ostentation d'alcôve régulière devenue utile après les anciens étalages illégitimes de la branche aînée ; sachant toutes les langues de l'Europe et, ce qui est plus rare, tous les langages de tous les intérêts, et les parlant ; admirable représentant de « la classe moyenne », mais la dépassant, et de toutes les façons plus grand qu'elle ; ayant l'excellent esprit, tout en appréciant le sang dont il sortait, de se compter surtout par sa valeur intrinsèque, et, sur la question même de sa race, très particulier, se déclarant Orléans et non Bourbon ; très

premier prince du sang tant qu'il n'avait été qu'altesse sérénissime, mais franc bourgeois le jour où il fut majesté ; diffus en public, concis dans l'intimité ; avare signalé, mais non prouvé ; au fond, un de ces économes aisément prodigues pour leur fantaisie ou leur devoir ; lettré, et peu sensible aux lettres ; gentilhomme, mais non chevalier ; simple, calme et fort ; adoré de sa famille et de sa maison ; causeur séduisant, homme d'État désabusé, intérieurement froid, dominé par l'intérêt immédiat, gouvernant toujours au plus près, incapable de rancune et de reconnaissance, usant sans pitié les supériorités sur les médiocrités, habile à faire donner tort par les majorités parlementaires à ces unanimités mystérieuses qui grondent sourdement sous les trônes ; expansif, parfois imprudent dans son expansion, mais d'une merveilleuse adresse dans cette imprudence ; fertile en expédients, en visages, en masques ; faisant peur à la France de l'Europe et à l'Europe de la France ; aimant incontestablement son pays, mais préférant sa famille ; prisant plus la domination que l'autorité et l'autorité que la dignité, disposition qui a cela de funeste que, tournant tout au succès, elle admet la ruse et ne répudie pas absolument la bassesse, mais qui a cela de profitable qu'elle préserve la politique des chocs violents, l'état des fractures et la société des catastrophes ; minutieux, correct, vigilant, attentif, sagace, infatigable, se contredisant quelquefois, et se démentant ; hardi contre l'Autriche à Ancône, opiniâtre contre l'Angleterre en Espagne, bombardant Anvers et payant Pritchard ; chantant avec conviction la Marseillaise ; inaccessible à l'abattement, aux lassitudes, au goût du beau et de l'idéal, aux générosités téméraires, à l'utopie, à la chimère, à la colère, à la

F. Gérard Pinxit. F. Lignon Sculpt. 1824

LOUIS PHILIPPE D'ORLÉANS,

Né à Paris, le 6 Octobre 1773.

Imprimé par Durand

Se vend A PARIS, chez L'AUTEUR, Rue des Fossés S.t Germain des Prés, N.o 28.

Déposé à la Dion de la Libie

Louis-Philippe, né le 6 octobre 1773 à Paris, fut le dernier roi des Français de la monarchie de Juillet. Surnommé « le Roi Citoyen », il monta sur le trône en 1830 à la suite de la révolution qui renversa la Restauration des Bourbons. Sa vie fut marquée par un profond engagement envers les principes libéraux et la modernisation de la France.

Issu de la branche cadette des Bourbons, Louis-Philippe était le cousin de Charles X, le roi détrôné pendant la révolution de 1830. Il s'efforça d'être un monarque plus proche du peuple et se présenta comme le défenseur des idéaux républicains. Son règne, connu sous le nom de monarchie de Juillet, fut caractérisé par des réformes politiques et économiques visant à favoriser la prospérité et la stabilité.

Louis-Philippe encouragea le développement économique, soutint les arts et la culture, et œuvra pour l'éducation publique. Son approche pragmatique des affaires politiques contribua à maintenir la paix intérieure et à renforcer l'image de la France à l'étranger. Il préféra toujours la politique du « juste milieu également éloigné des excès du pouvoir populaire et des excès du pouvoir royal », comme il l'affirma. À cet effet, il opéra un profond renouvellement dans les corps administratifs de la France et élargit la base électorale du pays.

Cependant, son règne fut difficile et il fut critiqué pour son conservatisme et. En 1848, des troubles sociaux éclatèrent, entraînant son abdication et la fin de la monarchie de Juillet.

Malgré les défis de son époque, Louis-Philippe laisse derrière lui un héritage salué. Il sut se rendre proche des Français en se rendant en tournée dans les Provinces de France. En tant que monarque qui cherchait à concilier la tradition et la modernité, il a contribué à l'évolution politique de la France au XIXe siècle. Sa vision d'une monarchie constitutionnelle et libérale a laissé une empreinte durable dans l'histoire politique nationale. C'est notamment sous son règne que la France apprit à mieux se servir de son Parlement, instrument politique que le roi s'efforça de moderniser et d'adapter aux besoins de son époque.

vanité, à la crainte ; ayant toutes les formes de l'intrépidité personnelle ; général à Valmy, soldat à Jemmapes ; tâté huit fois par le régicide, et toujours souriant ; brave comme un grenadier, courageux comme un penseur ; inquiet seulement devant les chances d'un ébranlement européen, et impropre aux grandes aventures politiques ; toujours prêt à risquer sa vie, jamais son œuvre ; déguisant sa volonté en influence afin d'être plutôt obéi comme intelligence que comme roi ; doué d'observation et non de divination ; peu attentif aux esprits, mais se connaissant en hommes, c'est-à-dire ayant besoin de voir pour juger ; bon sens prompt et pénétrant, sagesse pratique, parole facile, mémoire prodigieuse ; puisant sans cesse dans cette mémoire, son unique point de ressemblance avec César, Alexandre et Napoléon ; sachant les faits, les détails, les dates, les noms propres, ignorant les tendances, les passions, les génies divers de la foule, les aspirations intérieures, les soulèvements cachés et obscurs des âmes, en un mot, tout ce qu'on pourrait appeler les courants invisibles des consciences ; accepté par la surface, mais peu d'accord avec la France de dessous ; s'en tirant par la finesse ; gouvernant trop et ne régnant pas assez ; son Premier ministre à lui-même ; excellant à faire de la petitesse des réalités un obstacle à l'immensité des idées ; mêlant à une vraie faculté créatrice de civilisation, d'ordre et d'organisation on ne sait quel esprit de procédure et de chicane ; fondateur et procureur d'une dynastie ; ayant quelque chose de Charlemagne et quelque chose d'un avoué ; en somme, figure haute et originale, prince qui sut faire du pouvoir malgré l'inquiétude de la France, et de la puissance malgré la jalousie de l'Europe, Louis-Philippe sera classé parmi les hommes éminents de son

> siècle, et serait rangé parmi les gouvernants les plus illustres de l'histoire, s'il avait un peu aimé la gloire et s'il avait eu le sentiment de ce qui est grand au même degré que le sentiment de ce qui est utile.
> Louis-Philippe avait été beau, et, vieilli, était resté gracieux ; pas toujours agréé de la nation, il l'était toujours de la foule ; il plaisait. Il avait ce don, le charme. La majesté lui faisait défaut ; il ne portait ni la couronne, quoique roi, ni les cheveux blancs, quoique vieillard. Ses manières étaient du vieux régime et ses habitudes du nouveau, mélange du noble et du bourgeois qui convenait à 1830 ; Louis-Philippe était la transition régnante.

Comment un tel homme, un tel politique a-t-il pu quitter les rênes du pouvoir « pire que Charles X » en 1848 ? Et comment, depuis, n'avons-nous connu que des « monarchies provisoires », à la faveur tantôt d'une élection, tantôt d'une émotion populaire, tantôt d'une catastrophe comme la guerre et la défaite, sans que jamais se reconstitue cette continuité qui faisait la force et le bienfait de l'art politique capétien ?

Il semble qu'une seule explication puisse être trouvée à ce désarroi actuel et c'est précisément la persistance de l'esprit révolutionnaire. Cet esprit révolutionnaire n'est pas la seule détestation de la monarchie ou de la tradition royale. Le système de gouvernement, monarchique ou démocratique, lui importe peu. Ce à quoi il a fait la guerre dans notre histoire, et à travers elle dans l'histoire universelle, c'est ce qui était symbolisé par le sacre de Reims et avant lui par le baptême de Clovis. Autrement dit, la Révolution s'oppose de toutes ses forces à ce qui constitue le fondement de la monarchie, à savoir que le pouvoir politique ne tient pas sa légitimité de lui-même ou de la volonté populaire mais de la grâce de Dieu dont il doit reconnaître la royauté. Jeanne avait résumé ce principe dans la célèbre formule où elle désignait Charles VII comme « lieutenant du Roi des Cieux ». C'est cette royauté du Roi des Cieux sur la terre, « sur la terre comme au Ciel », que la Révolution a entendu supprimer. La laïcité à la française, telle qu'elle s'est exprimée dans les lois de la République, est la mise en œuvre de cette volonté de chasser Dieu de tout le domaine public : État, justice, éducation, législation, morale publique... Cette séparation du spirituel et du temporel, du naturel et du surnaturel, qu'on a appelé le naturalisme, est le fond même de l'esprit révolutionnaire, qui sépare ce que Dieu a uni. Là est le grand mal qu'il faut combattre. Ce mal est polymorphe. Il peut s'appeler libéralisme au XIXe siècle, quand il prétend que la liberté exclut la vérité ; il peut s'appeler socialisme, quand il prétend que l'amour de la société exclut l'existence de la Nation ; il peut s'appeler mondialisme, quand il prétend que l'amour de l'universel supprime l'enracinement et l'amour de la patrie ; il peut s'appeler racisme, quand il prétend que la défense d'une ethnie suppose l'extermination des autres ; il peut s'appeler relativisme, quand il prétend qu'il n'y a pas de vérité. Mais ces masques divers ne font que dissimuler la même réalité qui est cette volonté de séparer ce que Dieu a uni.

La grâce particulière du Royaume de France, celle qui faisait que Jeanne d'Arc l'appelait « le saint Royaume », est d'avoir été fidèle pendant mille ans à cette unité. Son malheur actuel vient de ce qu'il a perdu le sens de cette unité.

La leçon de nos rois tend à nous en faire retrouver le sens.

Conclusion

L'unité dans les propos et dans l'action de nos dynasties, et particulièrement de la dynastie capétienne, montre à l'évidence qu'il y a eu un art politique français, véritable continuité de Rome et indissolublement lié à cette ville, capitale du monde antique et capitale du monde chrétien.

La révolution n'a pas été seulement un changement de régime mais une rupture totale avec cet art politique qu'elle a prétendu remplacer par un messianisme temporel qui a ravagé l'Europe et le monde.

L'échec des restaurations est probablement dû à la persistance de cet esprit révolutionnaire, toujours présent dans le désordre politique où se trouvent actuellement la France, l'Europe et le monde.

L'histoire montre que la France a le devoir de retrouver cet art politique et de le mettre en œuvre, non seulement pour elle-même mais pour que l'Europe et le monde retrouvent les fondements d'un ordre stable et d'une liberté réelle.

Arbres généalogiques des dynasties

LES MÉROVINGIENS

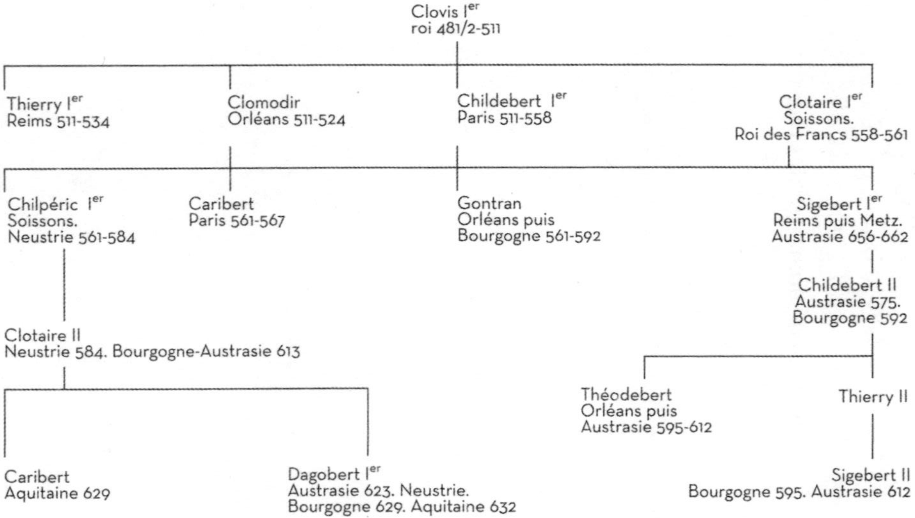

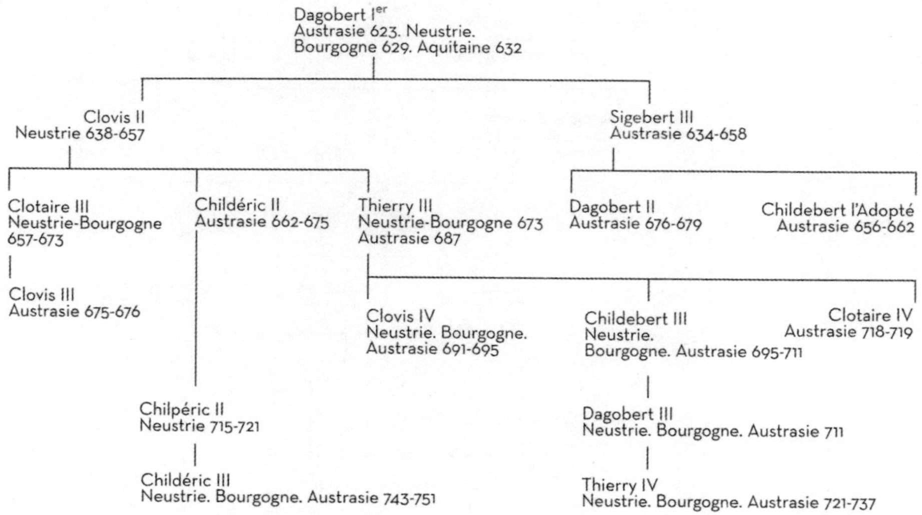
Dagobert Ier
Austrasie 623. Neustrie.
Bourgogne 629. Aquitaine 632
Clovis II
Neustrie 638-657
Sigebert III
Austrasie 634-658
Clotaire III
Neustrie-Bourgogne
657-673
Childéric II
Austrasie 662-675
Thierry III
Neustrie-Bourgogne 673
Austrasie 687
Dagobert II
Austrasie 676-679
Childebert l'Adopté
Austrasie 656-662
Clovis III
Austrasie 675-676
Clovis IV
Neustrie. Bourgogne.
Austrasie 691-695
Childebert III
Neustrie.
Bourgogne. Austrasie 695-711
Clotaire IV
Austrasie 718-719
Chilpéric II
Neustrie 715-721
Dagobert III
Neustrie. Bourgogne. Austrasie 711
Childéric III
Neustrie. Bourgogne. Austrasie 743-751
Thierry IV
Neustrie. Bourgogne. Austrasie 721-737

LES CAROLINGIENS

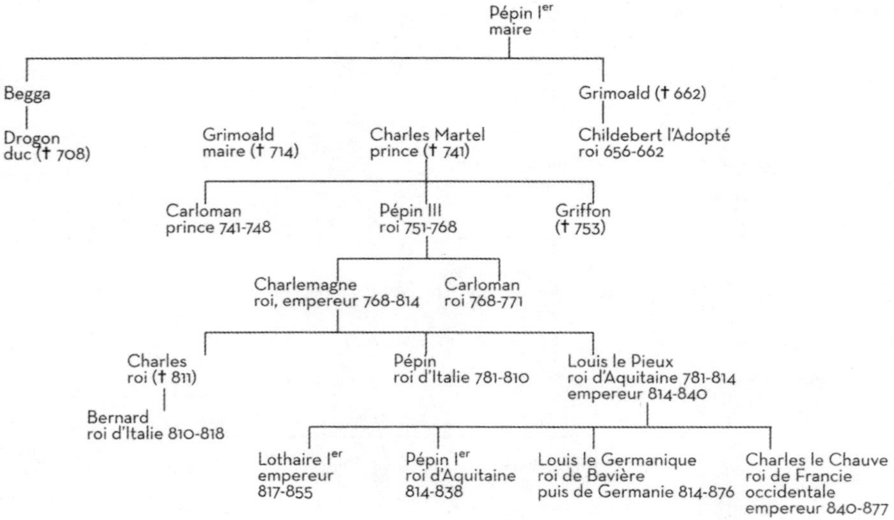

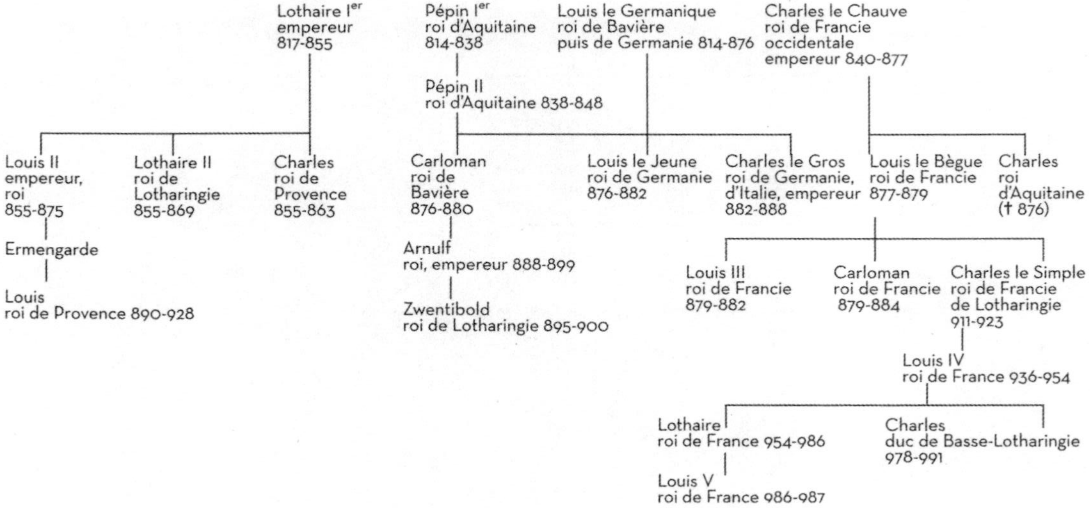
Lothaire Ier
empereur
817-855
Pépin Ier
roi d'Aquitaine
814-838
Louis le Germanique
roi de Bavière
puis de Germanie 814-876
Charles le Chauve
roi de Francie
occidentale
empereur 840-877
Pépin II
roi d'Aquitaine 838-848
Louis II
empereur,
roi
855-875
Lothaire II
roi de
Lotharingie
855-869
Charles
roi de
Provence
855-863
Carloman
roi de
Bavière
876-880
Louis le Jeune
roi de Germanie
876-882
Charles le Gros
roi de Germanie,
d'Italie, empereur
882-888
Louis le Bègue
roi de Francie
877-879
Charles
roi
d'Aquitaine
(† 876)
Ermengarde
Louis
roi de Provence 890-928
Arnulf
roi, empereur 888-899
Zwentibold
roi de Lotharingie 895-900
Louis III
roi de Francie
879-882
Carloman
roi de Francie
879-884
Charles le Simple
roi de Francie
de Lotharingie
911-923
Louis IV
roi de France 936-954
Lothaire
roi de France 954-986
Charles
duc de Basse-Lotharingie
978-991
Louis V
roi de France 986-987

LES CAPÉTIENS

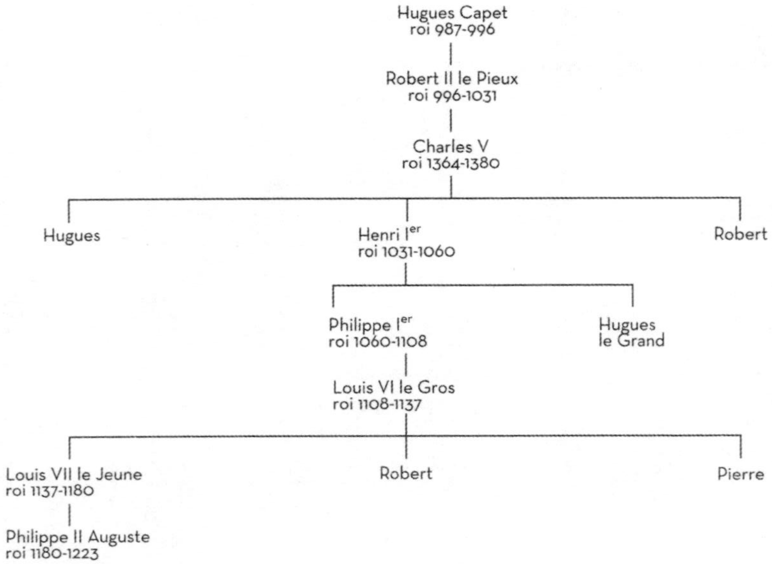

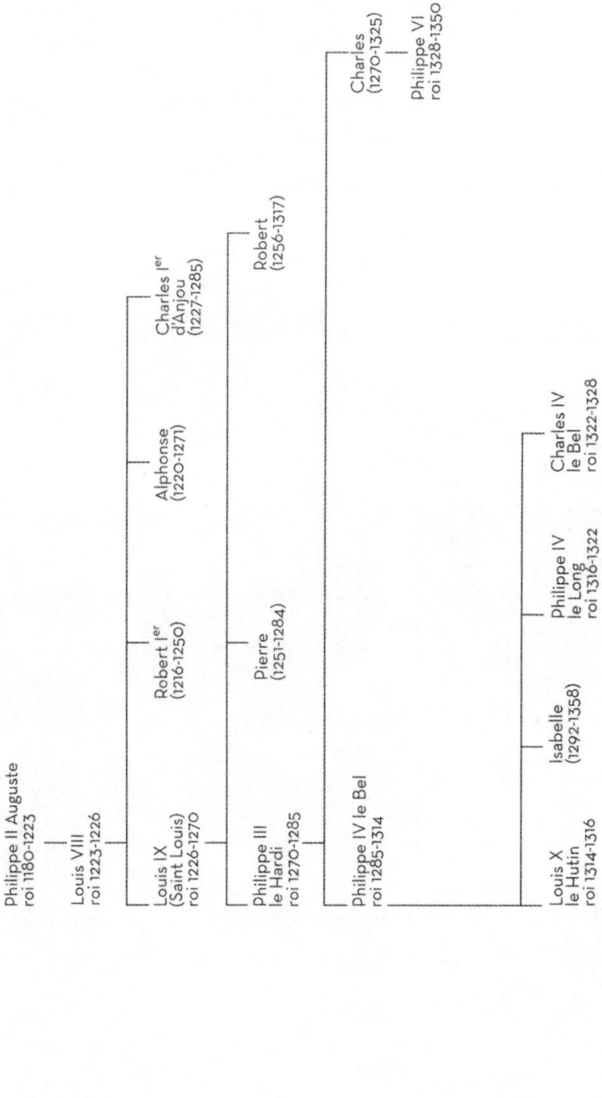
Philippe II Auguste
roi 1180-1223
Louis VIII
roi 1223-1226
Louis IX
(Saint Louis)
roi 1226-1270
Robert Ier
(1216-1250)
Alphonse
(1220-1271)
Charles Ier
d'Anjou
(1227-1285)
Philippe III
le Hardi
roi 1270-1285
Pierre
(1251-1284)
Robert
(1256-1317)
Philippe IV le Bel
roi 1285-1314
Charles
(1270-1325)
Philippe VI
roi 1328-1350
Louis X
le Hutin
roi 1314-1316
Isabelle
(1292-1358)
Philippe IV
le Long
roi 1316-1322
Charles IV
le Bel
roi 1322-1328

LES VALOIS

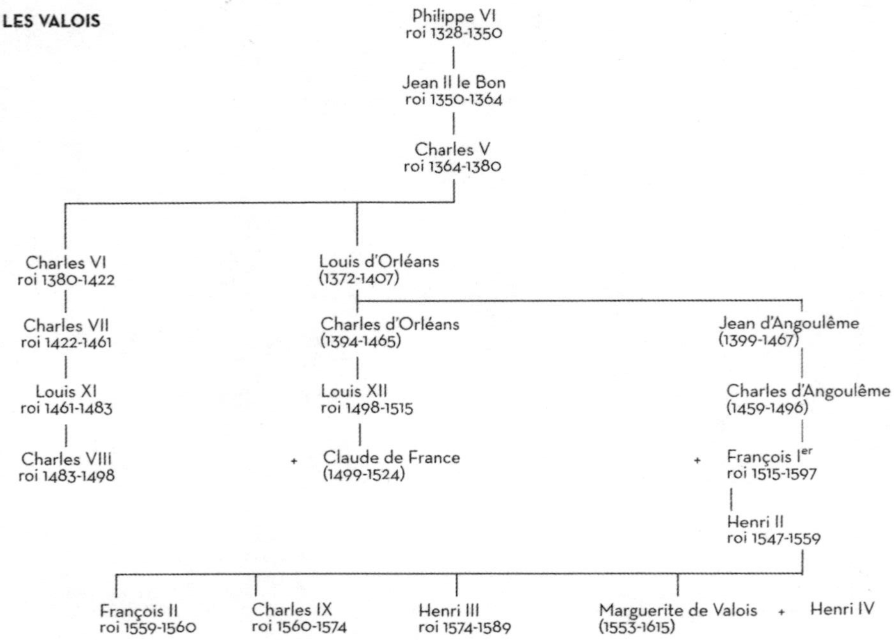
Philippe VI
roi 1328-1350
Jean II le Bon
roi 1350-1364
Charles V
roi 1364-1380
Charles VI
roi 1380-1422
Charles VII
roi 1422-1461
Louis XI
roi 1461-1483
Charles VIII
roi 1483-1498
Louis d'Orléans
(1372-1407)
Charles d'Orléans
(1394-1465)
Louis XII
roi 1498-1515
+
Claude de France
(1499-1524)
Jean d'Angoulême
(1399-1467)
Charles d'Angoulême
(1459-1496)
+
François Ier
roi 1515-1597
Henri II
roi 1547-1559
François II
roi 1559-1560
Charles IX
roi 1560-1574
Henri III
roi 1574-1589
Marguerite de Valois
(1553-1615)
+
Henri IV

LES BOURBONS

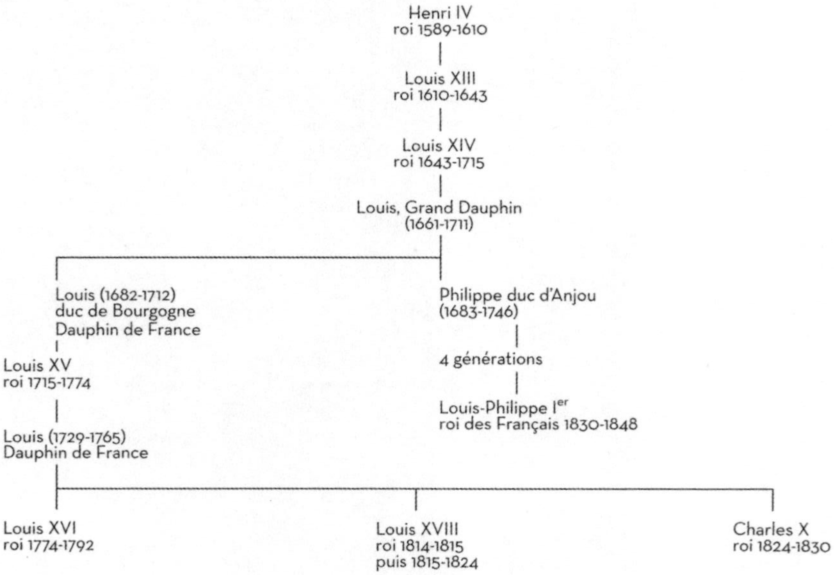

Remerciements

Nous ne pouvons pas publier cet ouvrage sans adresser nos remerciements à Louis-Xavier Ardillier qui a bien voulu prêter sa compétence, son érudition, et sa plume pour donner plus d'harmonie et de lien à nos colloques.

Qu'il trouve ici l'expression de notre gratitude.

Jacques Trémolet de Villers et Zélie du Peyroux

Mise en page : Bruno Ringeval

Ce volume,
publié aux Éditions Les Belles Lettres
a été achevé d'imprimer
en février 2024
sur les presses de
Présence Graphique

N° d'éditeur : 10885
N° d'imprimeur : 022477832
Dépôt légal : avril 2024
Imprimé en France